KARL DICKEL

ÉTUDE
SUR LE
NOUVEAU CODE CIVIL DU MONTÉNÉGRO
ET SUR
L'IMPORTANCE DES PRINCIPES SUIVIS PAR L'AUTEUR DE CE CODE
EN MATIÈRE DE CODIFICATION

Elibron Classics
www.elibron.com

Elibron Classics series.

ISBN 0-543-97564-9 (paperback)
ISBN 0-543-97563-0 (hardcover)

This Elibron Classics Replica Edition is an unabridged facsimile of the edition published in 1891 by Ernest Thorin, Paris.

ÉTUDE

SUR LE

NOUVEAU CODE CIVIL DU MONTÉNÉGRO

ET SUR

L'IMPORTANCE DES PRINCIPES SUIVIS PAR L'AUTEUR DE CE CODE

EN MATIÈRE DE CODIFICATION

Extrait de la *Revue générale du droit.*

TOULOUSE. — IMPRIMERIE A. CHAUVIN ET FILS, RUE DES SALENQUES, 28.

ÉTUDE

SUR LE

NOUVEAU CODE CIVIL DU MONTÉNÉGRO

ET SUR

L'IMPORTANCE DES PRINCIPES SUIVIS PAR L'AUTEUR DE CE CODE

EN MATIÈRE DE CODIFICATION,

PAR

K. DICKEL

AMTSRICHTER A BERLIN

Traduit par J. BRISSAUD

PROFESSEUR A LA FACULTÉ DE DROIT DE TOULOUSE

PARIS

ERNEST THORIN, ÉDITEUR

Libraire du Collège de France, de l'École normale supérieure,
des Écoles françaises d'Athènes et de Rome
de la Société des Etudes historiques

7, RUE DE MÉDICIS, 7

1891

ÉTUDE

SUR LE

NOUVEAU CODE CIVIL DU MONTÉNÉGRO

AVEC DES REMARQUES

SUR LA CODIFICATION EN GÉNÉRAL ET SUR LE NOUVEAU PROJET DE CODE CIVIL ALLEMAND (1)

CHAPITRE PREMIER.

INTRODUCTION. LE DROIT DU MONTÉNÉGRO.

1. On sait que les Monténégrins appartiennent à la race slave. Cette race elle-même comprend plusieurs branches : le Slaves orientaux (du sud-est et du sud) et les Slaves occidentaux. Les Polonais, les

(1) BIBLIOGRAPHIE. — Delarue, *Le Monténégro*, Paris, 1862. — Demelic, *Droit coutumier des Slaves méridionaux* (Revue de législation ancienne et moderne, 1876). — Frilley et Vlachović, *Le Monténégro*, Paris, 1876. — Chiudina, *Storia del Montenegro da' tempi antichi fino a' nostri*. Spalato, 1882. — Notice de Jovanovic sur *la législation du Monténégro* (Bulletin de la Société de législation comparée, 1885-1886, p. 248 et suiv.). — Dareste, *Journal des savants*, 1886, p. 86 et suiv. — Bogisić, *A propos du code civil de Monténégro* (Bulletin de la Société de législation comparée, 1887-1888, p. 483 à 487). — Ardent, *Une nouvelle méthode de codification du droit civil* (Réforme sociale, 10 mai 1888); *la famille jougo-slave au Monténégro* (*ibid.*, 16 oct., 1888) — Toubeau, *La propriété et la famille au Monténégro* (Nouvelle Revue, 1er juillet 1888). — Popović, *Recht und Gericht in Montenegro*, Agram, 1877 (ce livre, excellent à beaucoup d'égards, a le tort de présenter comme étant encore en vigueur beaucoup de dispositions qui sont tombées en désuétude ; ainsi la loi du prince Danilo, du 23 avril 1855, n'a jamais été appliquée dans toutes ses parties et il n'y a qu'un petit nombre de ses prescriptions qui se soient maintenues jusqu'à ces derniers temps ; cependant Popović la regarde comme applicable sans restrictions. D'après les articles 47 et 58 de cette loi, si un fils manquait de respect à son père ou lui infligeait de mauvais traitements, celui-ci pouvait, sous certaines conditions, le chasser de la maison sans lui donner la part de patrimoine

Tchèques et les Wendes sont des Slaves occidentaux; les Slaves orientaux se divisent en Russes, Bulgares, Slovènes et Serbo-Croates. Les Monténégrins se rattachent au rameau serbo-croate. [« La principauté du Monténégro, bien qu'agrandie par les derniers traités, est renfermée dans d'étroites limites (9,433 k. c.) et la population ne dépasse pas 270,000 âmes. »]

2. On ne peut comprendre le droit du Monténégro, si l'on n'a pas une idée de l'organisation de la famille et de la tribu dans ce pays.

Les individus y sont groupés en communautés de famille, *Zadruga* ou *Inokosna;* plusieurs familles réunies constituent le *Brastvo* ou confrérie qui rappelle la *gens* romaine; enfin plusieurs *Brastvos* ensemble forment la tribu (*Pleme*) (1).

Anciennement, ces communautés de famille avaient une telle importance que Popović a pu dire avec raison (p. 21) : « Au seizième et au dix-septième siècle, le Monténégro ne formait pas un Etat, mais seulement une agrégation de tribus. » Sans doute, à l'heure qu'il est, la tribu a perdu de son importance; néanmoins elle occupe encore une telle place dans le droit public et dans le droit privé du Monténégro, qu'on a dû en parler dès le début de cette étude.

3. Les institutions des Slaves ont eu le même sort que les peuples de leur race. Certains d'entre ceux-ci ont été ruinés, ou du moins ont perdu leur indépendance. Il en a été de même pour quelques-unes de leurs institutions : beaucoup ont péri. Dans la plupart des pays où elles s'appliquaient, on a rendu un grand nombre de lois nouvelles, sans se préoccuper des usages et du sentiment populaire; tantôt on croyait devoir s'en écarter, par exemple pour des motifs d'ordre politique; tantôt on ne se donnait pas la peine d'en prendre connaissance; tantôt on comprenait mal les coutumes nationales et les circonstances qui les avaient fait naître.

Lorsqu'on avait à faire des lois importantes, des Codes surtout, il y avait une raison de plus pour ne tenir aucun compte du droit po-

que lui attribuait la coutume; le tribunal suprême du Monténégro, trouvant cette décision trop dure, a toujours condamné le père à donner à son fils sa part de patrimoine). — Krauss, *Sitte und Brauch der Sudslaven*, Wien, 1885. — Rivière, *Bulletin de la Société de législation comparée*, Paris, 1888 (article sur la *zadruga*). — R. de Hubé, *Le Code monténégrin de l'année 1888* (en russe) 1889. — Dareste, *Le nouveau Code civil du Monténégro* (*Comptes rendus de l'Acad. des sciences mor. et pol.*, septembre 1889, p. 333). — *N. B.* Les notes ajoutées par le traducteur sont placées entre crochets.

(1) [Il y avait quarante-deux tribus au Monténégro, dit M. Dareste, *Etudes d'hist. du droit*, p. 235; à la tête de chaque tribu était un capitaine (*voévoda* ou *knez*) qui, assisté des chefs inférieurs (*glavari*), administrait le canton et rendait la justice, autant que la justice pouvait être rendue dans un pays où la vengeance était obligatoire et la guerre privée une pratique de tous les jours.]

pulaire. Il était infiniment plus simple et plus commode de faire des emprunts aux législations étrangères que de donner une forme moderne aux coutumes nationales.

« On a tenu peu de compte du droit populaire dans les législations nouvelles des pays slaves. On s'est laissé guider par les traditions féodales de l'Europe du moyen âge ; on a fait quelques emprunts au droit romain ; on a copié quelques-uns des règlements de la bureaucratie moderne ; on a reproduit quelques-uns des points de vue de la doctrine juridique de notre temps ; mais on a presque entièrement délaissé les traditions et les usages populaires... L'ancien droit coutumier a disparu presque en entier devant la législation nouvelle créée par les princes (1). »

Il n'y a qu'un pays slave où il n'en a pas été ainsi, c'est le Monténégro. Les habitants de la Montagne noire ont su conserver leur indépendance contre les peuples étrangers, et même, si l'on peut dire ainsi, contre les législations étrangères. Aussi les plus vieilles institutions de la race slave ont-elles trouvé dans ce pays un asile sûr. On peut comparer à cet égard le droit monténégrin au droit prussien et à la législation des villes hanséatiques qui ont gardé, par esprit de patriotisme, tant de principes du vieux droit germanique (2).

4. Jusqu'ici le Monténégro ne possédait qu'un petit nombre de lois écrites : 1° Seize articles dus au *Vladika* (évêque) Pierre Ier, 1796 ; 2° dix-sept articles rendus en 1803. Ces trente-trois articles réunis constituaient ce que l'on appelait un peu ambitieusement *Zakonik*, c'est-à-dire le Code. Ils ne s'occupaient que de droit pénal et de police. Un seul article était relatif au droit civil : il règlementait le droit de préemption en cas de vente d'immeubles, et les formes du contrat de vente (3).

En 1855, le prince Danilo Ier fit un nouveau Code en quatre-vingt-quinze articles, sous ce titre : Code de Daniel Ier, prince et souverain de l'Etat libre du Monténégro et des Berdas. Ce Code, comme le précédent, ne contenait, ou peu s'en faut, que des dispositions de droit public et, en particulier, de droit pénal (4).

(1) Pypin et Spasovicz, *Gesch. der slav. Literatur*, trad. Traugott Pech, I, p. 40 et suiv.]

(2) [La comparaison est-elle bien juste ? On a dit, ne l'oublions pas, que le Code Napoléon contient infiniment plus de droit allemand que le droit commun de l'Allemagne. Zœpfl, *Sur l'élément germanique dans le Code Napoléon* (*Revue étrang. et franç. de législat.*, t. VIII, p. 161).]

(3) [« Le code de 1793-1806 a été traduit en français dans le *Moniteur* de 1854 (12-14 avril). Mais ce travail, qui paraît fait d'après une traduction italienne, est souvent fautif. » Dareste, *Etudes d'hist. du droit*, p. 236.]

(4) [On trouve une analyse des codes de 1796 et 1803 et de celui de 1855 dans

Nous ne citerons que quelques-unes des dispositions du Code de Danilo.

Le § 1 décide que tous les Monténégrins et les Berdans sont égaux devant la loi.

Le § 2 est ainsi conçu : l'honneur, la propriété, la vie et la liberté de tout Monténégrin et de tout Berdan sont garantis pour le présent et pour l'avenir. Personne, pas plus un tribunal qu'un individu, ne peut porter atteinte à ces droits sacrés (du moins si on ne s'est rendu coupable d'aucune faute).

Les quelques dispositions de droit privé qu'on trouve dans cette œuvre législative sont sans grande importance; par exemple le § 33 : Quiconque, à dessein ou par négligence, cause une blessure à autrui, est tenu de payer l'amende et, en outre, les frais de maladie.

Le § 32 renferme une prescription assez remarquable. Quiconque, à l'aide d'une arme ou d'un bâton, blesse quelqu'un dans le seul but de passer pour un brave, paiera l'amende et les dommages-intérêts au double.

§ 42 : Personne ne peut se faire justice à soi-même; c'est au tribunal local à apprécier le dommage et à en assurer la réparation.

Le prince Danilo déclare, dans le décret de promulgation, qu'il est animé du désir de faire cesser tout arbitraire dans l'application de la loi. En conséquence, il décide, aux §§ 7 et 8, que tout juge prévaricateur sera immédiatement révoqué, qu'il sera puni d'une amende de

les *Etudes d'hist. du droit* de M. Dareste, p. 236 et suiv. Le code de 1796 défendait de se faire justice à soi-même, mais il était en cela bien peu d'accord avec les mœurs; on en a la preuve dans d'autres dispositions de ce même code qui autorisent les voies de fait de la part des simples particuliers : toute personne peut tuer un assassin; celui qui tue un voleur pris en flagrant délit n'encourt aucune peine; celui qui reçoit une offense a le droit de s'en venger en tuant immédiatement l'offenseur. Le code de 1803 essaya sans succès de restreindre la pratique de la *vendetta*, en infligeant la peine de mort à celui qui se vengeait sur les parents du meurtrier. C'est ce code qui établit le premier un impôt dans le Monténégro : on leva désormais une contribution de 60 deniers par feu. Le code de 1855 reproduisit la plupart des dispositions des lois antérieures, et, comme ces lois, s'efforça de mettre un terme aux *vendettas* héréditaires. La vie des Monténégrins, jusque-là à la merci des vengeances privées, fut formellement placée sous la protection de la loi. Le vol et le brigandage furent rigoureusement interdits. Ce code présente, en outre, un assez grand nombre de règles concernant la famille. Il contient encore des dispositions singulières, celle, par exemple, qui maintient l'institution des cojureurs, donnant gain de cause à la partie qui en fournit le plus, et cette autre, aux termes de laquelle tout Monténégrin qui se présentera devant les juges avec une pierre au cou sera passible d'une peine corporelle. On reconnait ici la trace d'une superstition bien ancienne, car elle était pratiquée à Rome, ainsi que l'atteste Pline l'Ancien (*H. N.*, XXIX, 54).]

450 fr., qu'il perdra toutes les fonctions dont il peut être chargé, qu'il restera à jamais déshonoré et incapable d'être investi d'une charge quelconque ou d'être revêtu d'une dignité. Le dénonciateur a droit à une récompense de 187 fr. 50, qui lui seront payés par le juge lui-même (§ 10). Le § 9 va même jusqu'à décider que toute personne qui promet ou offre un présent au juge est présumée mal fondée dans sa demande (*praesumptio juris et de jure*), et perd *ipso facto* son procès (1).

Les lois les plus récentes, c'est-à-dire celles qui ont été rendues sous le prince Nicolas, sont surtout relatives au droit public, comme celles qui les ont précédées ; mais, à la différence de celles-ci, le droit pénal n'y est pas seul pris en considération. Cette législation comprend une loi scolaire, une loi sur les télégraphes, et d'autres lois du même genre ; on y trouve encore une série d'ordonnances relatives à des questions de procédure, notamment à la poursuite pour dettes.

5. L'organisation judiciaire comprend trois sortes de juridictions : 1) Les tribunaux de canton (*Kapetanski sud*) ; les membres de ces tribunaux sont à la fois juges et administrateurs. 2) Les tribunaux d'arrondissement (*Okruzni sud*). 3) Le *Veliki sud* ou Cour suprême, composée de cinq à six membres, de deux greffiers et de quelques surnuméraires. Le président de ce tribunal est actuellement aussi ministre de la justice.

Le prince Danilo avait fait du Sénat la haute Cour de justice du Monténégro. Une section de ce corps politique, composée de quatre ou cinq membres, faisait office de tribunal comme en Russie. Mais le Sénat a été supprimé et remplacé par un conseil d'Etat composé de tous les ministres et de quelques anciens sénateurs. Le tribunal suprême, à l'heure qu'il est, *Veliki sud*, est indépendant du conseil d'Etat.

Anciennement, la justice était aussi rendue par le prince siégeant sous un arbre, devant son palais, à Cettigne. Cette juridiction, d'un caractère tout primitif, n'est pas complètement supprimée ; mais on tend à la faire disparaître.

6. En somme, jusqu'ici le Monténégro en était resté à l'état patriarcal ; son droit était dès lors purement coutumier. Le règne de Nicolas Ier a ouvert, pour ce pays, une ère nouvelle. Ce prince s'est efforcé de faire jouir le Monténégro des bienfaits de la civilisation moderne. Il y a déjà réussi dans une large mesure ; sous son impulsion, les mœurs se sont adoucies, les actes de brigandage, que l'on reprochait aux Monténégrins, sont devenus fort rares ; à tous égards de grands pro-

(1) [« Il existe une traduction française du code de 1855 dans l'ouvrage de M. Delarue (cité plus haut). » Dareste, *Etudes d'hist. du droit*, p. 236.]

grès ont été réalisés. Un prince aussi éclairé ne pouvait manquer de doter son pays d'une législation nouvelle. Peu après 1870, il songea à faire rédiger un Code civil pour le Monténégro.

CHAPITRE II.

HISTOIRE DE LA CODIFICATION. L'AUTEUR DU CODE.

7. Sur la demande du prince de Monténégro, l'empereur de Russie chargea de la rédaction d'un Code (1) l'homme le mieux qualifié pour cela, M. V. Bogisić (2), docteur en droit et en philosophie, professeur à l'Université d'Odessa, et conseiller d'Etat actuel de l'empire de Russie.

M. Bogisić est né à Ragusa-Vecchia, l'ancienne Epidaure, berceau de la ville de Raguse, c'est-à-dire de la capitale de la République de ce nom.

Après avoir subi avec succès l'examen de maturité (baccalauréat) au lycée Santa-Catterina à Venise, il alla dans d'autres villes, à Vienne, à Munich, à Berlin, à Paris, pour s'y livrer à l'étude du droit, de la philologie, de la philosophie et de l'histoire. A l'Université de Vienne, il eut des maîtres comme Unger, Glaser, Arndts, von Stein ; à celle de Munich, il suivit les leçons de Windscheid, de Bluntschli et de Dœllinger ; enfin à l'Université de Berlin, il étudia sous la direction de Gneist, Rudorff, Dirksen, Beseler, Richter, Bopp, Stahl, Trendelenburg, Droysen, Lepsius. Il obtint à Vienne le titre de *doctor utriusque juris*, et à Giessen, celui de docteur en philosophie ; plus tard, l'Université d'Odessa lui décerna également le titre de docteur en droit public *honoris causa*.

En 1863, il entra, à titre d'aide (*collaborator*), à la bibliothèque publique de Vienne. Peu de temps après, en 1866, il publia, dans une revue croate, la première partie d'une étude « sur l'utilité qu'il y aurait à recueillir les coutumes en vigueur chez les Slaves. » Cette étude fut suivie de la publication d'un questionnaire comprenant 347 questions (352 dans la 2e et 3e édition, en

(1) [Sur cette mission, voyez *Bulletin de la société de législation comparée*, avril, 1875, p. 225].

(2) Prononcez Boguisitch. — [Voir une biographie de M. Bogisić dans la *Revue politique et littéraire* du 5 juin 1875, par L. Léger.]

brochures séparées) relatives aux principaux problèmes juridiques de la vie domestique et sociale des Slaves méridionaux. Tous ces travaux furent bientôt réimprimés en un volume devenu classique et depuis longtemps épuisé. Cet ouvrage entièrement nouveau produisit dans les pays slaves une véritable sensation.

En publiant ce questionnaire, M. Bogisić avait ouvert une vaste enquête sur tout l'ensemble du droit public et privé des Slaves du sud. Il réussit par là à démontrer la persistance de coutumes jusque là négligées et leur importance capitale; il suffit de les examiner pour voir combien législateurs et jurisconsultes faisaient fausse route quand ils s'occupaient des Slaves du Sud : double résultat d'un extrême intérêt!

En 1866, il fut appelé à une chaire d'histoire du droit à l'Université de Varsovie. Il déclina l'offre qui lui était faite. En 1868, il fut nommé inspecteur en chef de l'instruction publique (*Schulrath und Landesschulinspector*) dans les Confins militaires de l'Autriche; il participa à la confection des projets de loi sur les écoles dans les Confins; ses tournées d'inspection lui permirent de recueillir de nouveaux matériaux sur le droit slave.

C'est grâce à ces divers travaux qu'il put produire son œuvre capitale sur le droit coutumier des Slaves du Sud : *Collectio consuetudinum juris inter Slavos meridionales etiamnum vigentium*. Agram, 1874. [Il n'y a que le titre de latin; le texte tout entier est en langue serbo-croate.] Si sa première étude avait tracé à la science du droit slave la voie qu'elle devait suivre (1), on peut dire que de l'apparition de son grand recueil de Coutumes, date une ère nouvelle, pour la doctrine comme pour la législation, chez les Slaves du Sud (2).

En 1869, il refusa une chaire d'histoire du droit slave à Kiew et le poste de chef de division dans l'administration des écoles et des églises des Confins militaires qu'on lui offrait à Vienne. Mais il accepta une chaire d'histoire du droit à Odessa.

A partir de ce moment, M. Bogisić a profité de ses vacances pour faire des excursions dans le Caucase et pour y étudier les coutumes

(1) Krauss, *Sitte und Brauch der Südslaven*, p. 221.

(2) [Quelques mots sur l'origine du livre : « L'Académie d'Agram envoya 4,000 exemplaires du questionnaire dressé par M. Bogisić aux divers diocèses de la Croatie, de la Dalmatie et des confins militaires. Chaque diocèse distribua le questionnaire dans toutes les paroisses. D'autres exemplaires furent envoyés par l'auteur en Hongrie, en Serbie, dans la Bosnie, le Monténégro, l'Herzégovine et la Bulgarie. Les réponses recueillies forment, avec les recherches de l'auteur, le grand ouvrage dont il est parlé au texte. » Demelić, *op. cit.*, p. 268.]

des habitants de cette région. [M. L. Léger dit à propos de ces études : « Le lieutenant impérial, grand duc Michel Nicolaïevitch, mit à sa disposition toutes les ressources dont il pouvait disposer pour aider le savant professeur dans les recherches les plus délicates ou dans les voyages les plus difficiles. Mais là M. Bogisić se trouva en présence d'éléments tout nouveaux pour lui, et qui ne se pliaient guère à rentrer dans les cadres trop étroits de l'ancien questionnaire. Il dut modifier et développer les instructions qu'il avait autrefois publiées pour les pays slaves; le nombre des questions, qui naguère ne dépassait pas 350, s'éleva à près de 1,000. M. Bogisić compte bien rassembler et publier un jour les réponses qu'on lui a transmises (1). »]

En 1872, il eut encore l'honneur d'être appelé à occuper une chaire à l'université de Varsovie. Mais diverses causes empêchèrent encore ces nouvelles propositions d'aboutir.

8. C'est en 1873 qu'on l'arracha à ses travaux pour le charger de la confection d'un Code civil pour le Monténégro. Il quitta aussitôt Odessa et commença à faire des recherches sur le droit de la Montagne Noire. Il passa une année dans ce pays, afin de bien apprendre à connaître les particularités qu'y offraient les coutumes slaves. Il y revint encore dans la suite à diverses reprises. Il alla même, toujours dans le même but, jusqu'à faire des excursions en Albanie et dans l'Herzégovine, deux provinces qui se trouvaient alors entièrement sous la domination turque. A la fin de l'année 1874, il s'établit à Paris.

La guerre turco-russe interrompit ses travaux. Il dut aller en Bulgarie et s'occuper de l'organisation des tribunaux dans les pays conquis.

De retour à Paris, il termina le premier projet en 1878 (2).

Ce projet fut l'objet d'une première lecture au Sénat monténégrin, à Cettigne, en 1881-1882. Les questions importantes étaient soumises à la décision du prince.

Ce fut sur la base de ces délibérations et de ces conclusions que le projet fut soumis par son auteur à une nouvelle élaboration (jusqu'en 1885).

Une deuxième lecture eut lieu à Cettigne devant trois membres de la Cour suprême de justice, et le projet fut soumis en troisième lecture au prince lui-même.

(1) [L. Léger, *op.* et *loc. cit.*]

(2) [A cette même époque, M. Bogisić donna à la *Nouv. Revue historique de droit français et étranger*, p. 257, un intéressant aperçu des travaux sur le droit coutumier en Russie.]

Après cette longue élaboration, le Code ayant enfin reçu force de loi fut imprimé à Paris de 1886 à 1888. L'impression en a été achevée au commencement de 1888. Il a été promulgué le 25 mars de cette même année. On l'a publié le 26 avril dans la langue du pays, c'est-à dire en serbe, et il a été imprimé en caractères de l'alphabet cyrillique. Il est entré en vigueur le 1er juillet 1888. Il comprend 1031 articles (1).

(1) Quelques jours après la publication de ce Code, M. Bogisić fut nommé membre correspondant de l'Institut de France (Académie des sciences morales et politiques).

CHAPITRE III.

DE LA TACHE QUI INCOMBAIT A L'AUTEUR DU CODE ET DES TRAVAUX PRÉPARATOIRES AUXQUELS IL A DU SE LIVRER.

9. I. Pour mener à bonne fin une tâche aussi difficile que la confection d'un Code pour le Monténégro, il ne fallait rien moins qu'un homme aussi éminent et un savant aussi bien préparé à cette œuvre par ses travaux antérieurs. De tous côtés s'accumulaient les obstacles; non seulement la confection du Code était en elle-même une œuvre hérissée de difficultés, mais diverses circonstances venaient créer à M. Bogisić de grands embarras; ainsi il ne pouvait se faire aider par personne, il trouvait de la résistance dans les bureaux; les moyens matériels pour la rédaction lui manquaient.

Nous n'avons pas l'intention de donner ici un tableau complet des conditions qui s'imposaient au législateur (1). Un simple aperçu suffira.

Les difficultés de l'œuvre peuvent se ramener à deux classes : 1° celles qui tiennent à l'œuvre en elle-même; 2° celles qui tiennent à la façon dont M, Bogisić a conçu son travail.

Les difficultés que l'œuvre entraînait nécessairement avec elle, étant donné l'état social du Monténégro, étaient les suivantes :

a) Le droit écrit faisait défaut.

b) Il y avait un grand nombre de particularités locales, d'usages spéciaux. Comment les connaître ? Il fallait aller les étudier sur place. L'auteur a dû recueillir des réponses pour 2,000 questions environ.

c) Les termes techniques lui manquaient la plupart du temps pour l'expression des idées juridiques.

d) Enfin, ce qui était plus grave encore, il n'y avait pas de jurisconsultes instruits et le pays était très pauvre. Le Code devait pouvoir être appliqué par des praticiens sans instruction et avec le moins

(1) Voir, d'ailleurs, la brochure qu'il a publiée lui-même sous ce titre : *A propos du code civil du Monténégro*, Paris, 1re édit., 1886; 2e édit., 1888.

de frais possible. La tâche se trouvait être singulièrement embarrassante au point de vue de la langue, comme au point de vue du droit.

L'auteur l'a rendue plus difficile encore en adoptant pour son travail certains principes et un système qu'il y a intérêt à connaître.

Il est parti de l'idée qu'il fallait mettre l'harmonie la plus complète entre les coutumes nationales et le code qu'il était chargé de rédiger; il a cru qu'il était indispensable, — empruntons ici ses propres paroles, — d'éviter tout dualisme dans le droit, de faciliter la fusion entre les éléments nouveaux et les anciens, l'introduction des premiers devant être faite de telle sorte qu'il en résultât entre tous une communication réciproque et incessante (1).

A procéder autrement, on arrive à ce résultat fâcheux de créer une législation sur le papier, législation qui ne répond pas aux besoins du peuple et que celui-ci ne respecte pas. C'est ce qui est arrivé chez les Slaves méridionaux, auxquels on a imposé des législations étrangères et mal comprises. [« L'introduction des lois écrites produit ordinairement chez tous les peuples une certaine uniformité entre les divers éléments de la nation; tandis que la coutume, expression multiple des différences locales, représente par elle-même la diversité de ces éléments. Chez les Slaves méridionaux, nous voyons justement le contraire. La multiplicité se trouve dans les lois écrites tandis que les coutumes sont, dans leurs principes, tout à fait uniformes (2). »]

Aussi n'a-t-il pas cru pouvoir prendre pour base de son travail un des codes actuellement en vigueur (3), — ce qui aurait pourtant beaucoup simplifié sa tâche.

D'ailleurs, ces codes lui ont paru avoir tous un grand défaut : ils sont, si l'on peut dire ainsi, d'accord avec eux-mêmes; le législateur a mis tous ses soins à être logique, à éviter les contradictions; mais il n'est pas arrivé à mettre les institutions et les règles du droit d'accord avec les usages et la pratique; il a établi ainsi une opposition fâcheuse, un antagonisme des plus regrettables entre la loi écrite et le droit vivant, le seul que connaisse la pratique des affaires. Cet inconvénient, l'auteur du code monténégrin a voulu l'éviter à tout prix (5).

(1) *A propos du code civil du Monténégro*, quelques mots sur les principes et la méthode adoptés pour la codification, § 1, n° 3.

(2) [Demelič, *op. cit.*, p. 260.]

(3) Comme en Pologne, en Italie, en Roumanie, etc., où on a reproduit le Code Napoléon.

(5) [Je trouve cette critique des codes modernes exagérée. Dans un grand Etat, il est parfois impossible d'arriver à mettre d'accord la pratique et la loi; c'est la loi qui guide la pratique et préside à sa formation. Lorsqu'on fit le Code Na-

10. II. Le même reproche ne pourrait-il pas être adressé au nouveau projet de code pour l'empire allemand? On a dit que les auteurs de cette œuvre avaient édifié un droit savant (*Juristenrecht*) au-dessus du droit populaire (*Volksrecht*)? Le professeur Gierke, notamment, a déclaré que ce projet avait le tort d'être anti-germanique et souvent inintelligible; il pousse la logique jusqu'à l'absurde et sacrifie les nécessités pratiques à la rigueur de principes inflexibles; il met de côté systématiquement les règles du droit allemand pour leur substituer les règles du droit romain, ce qui fait qu'il est plus romain que les lois romaines elles-mêmes; il n'est pas jusqu'au style qui ne soit abstrait et par suite fort défectueux (1). Sans aller jusqu'à accepter toutes les critiques du savant professeur, on doit convenir que dans l'ensemble elles sont fondées. Quelques exemples suffiront pour le montrer.

On connaît la règle : *Kauf bricht Miete*, « Vendage passe louage » (2). Le projet de code l'accepte. Or, en fait, elle est tout à fait inintelligible pour le peuple. C'est le principe contraire que le peuple comprend. A mon avis, c'est aussi ce principe qui est, seul, en harmonie avec les nécessités pratiques de notre temps. N'admit-on pas cette opinion, on est bien forcé de reconnaître que les deux règles se valent au point de vue pratique. La législation actuelle est partagée. Pourquoi dès lors préférer la règle romaine à la règle allemande? On ne l'a fait que par amour de la logique, par esprit de système.

Qu'on y prenne garde! En établissant ainsi des règles que le peuple ne comprend pas, on creuse l'abîme qu'il y a entre le droit et les mœurs; on va contre toutes les tendances démocratiques de notre temps. Et cela n'est pas sans danger.

Ce n'est pas ainsi que procéda le rédacteur du Landrecht prussien, œuvre dont les Allemands sont fiers à juste titre. Il fit passer avant tout les idées nationales; il s'inspira avant tout des nécessités pratiques. Et si pendant longtemps on n'a pas apprécié ce code à sa juste valeur, on revient aujourd'hui à des idées plus exactes; malgré les défauts qu'il présente, un certain penchant à la casuistique, une croyance erronée dans la toute-puissance de législateur, c'est une œuvre essentiellement nationale, une loi excellente; le nom de son auteur, Svarez, mérite d'être tiré de l'oubli et la remarquable biographie de ce

poléon, comment s'y serait-on pris pour ne pas s'écarter de la pratique, puisque cette pratique variait avec chaque province, avec chaque localité?]

(1) *Schmoller's Iahrbuch*, t. XII, et *über den Entwurf*, Leipzig, 1889.

(2) [Voy. Saleilles, *Bulletin de la Société de législation comparée*, juin 1889, p. 616.]

grand homme que nous devons à Stölzel passera toujours aux yeux des Prussiens pour un des meilleurs livres de leur littérature juridique. Que n'avons-nous eu pour la confection de notre code civil allemand, un nouveau Svarez? On n'aurait pas pu reprocher au code civil de ne pas donner satisfaction aux nécessités pratiques. On n'aurait pas pu lui faire un grief de creuser l'abîme toujours plus profond qui sépare la théorie de la pratique (1).

Qu'on ne croie pas d'ailleurs que je méconnaisse le mérite d'une œuvre aussi considérable que le projet de code allemand. Mais elle doit être corrigée si on veut que son adoption soit un bienfait pour l'Allemagne.

11. III. Revenons au code monténégrin. Son auteur est parti de l'idée qu'il fallait accorder une importance décisive aux conceptions populaires du droit. Il pense, comme Svarez, qu'il est ridicule de préférer le droit étranger au droit national (2). Reconnaissons, d'ailleurs, qu'il était malaisé de procéder autrement pour le Monténégro. Comment des juges sans instruction auraient-ils pu comprendre et appliquer une législation étrangère? Les lois seraient promptement tombées en désuétude. On se serait exposé à d'inextricables confusions pendant la période où elles auraient lutté contre les coutumes nationales. La justice aurait été mal rendue, et loin d'être un progrès, l'établissement d'une nouvelle législation aurait été la source de toute sorte de maux.

Il était donc indispensable de faire passer le droit coutumier actuellement en vigueur dans le nouveau code; mais cela ne suffisait pas; il fallait encore laisser la coutume agir, se développer et compléter toujours le droit écrit. Le législateur était tenu de suivre le système qu'un savant professeur allemand, Danz, dans un écrit paru en 1861 sur les diverses sortes de codifications, appelle le système de l'incorporation et qui se caractérise par l'incessante adjonction des règles coutumières aux principes du droit écrit. Danz avait le tort de croire ce système impraticable. En fait, son adoption était de toute nécessité pour le législateur du Monténégro. Le nouveau code n'était viable qu'à ce prix.

Mais en donnant au droit coutumier cette place considérable dans la législation, on se trouvait dépourvu de tout modèle, obligé de créer, pour ainsi dire, de toutes pièces un code accommodé aux singularités des mœurs monténégrines. Il fallait se pénétrer de l'idée 1° que le législateur doit tendre à un but qui varie suivant les précédents historiques, l'état

(1) *Zeitschr. f. vergl. Rechtsw.*, VII, p. 81, art. de Placide Meyer. Köhler, *Archiv. für bürgerl. Recht*, I, p. 1.

(2) Stölzel, *op. cit.*, p. 449.

religieux, social et économique du pays, que la loi est quelque chose d'essentiellement relatif, et 2° que la méthode suivie dans la codification doit varier avec le but poursuivi.

12. On n'a pas de peine à voir combien le rédacteur du code monténégrin a eu de recherches préliminaires à effectuer pour arriver à réaliser une œuvre ainsi conçue. Quelques-uns de ses travaux préparatoires ont fait l'objet de publications spéciales. Ainsi, en 1876, il publia une étude sur les termes techniques en matière de législation (1). Plus tard, en 1884, il fit paraître à Paris un travail sur les formes qu'affectait chez les Slaves du sud l'organisation de la famille sous ce titre : *de la forme dite Inokosna de la famille rurale chez les Serbes et les Croates* (2). Cette dernière monographie est particulièrement remarquable. La question qui y est traitée est d'un grand intérêt et le perspicace jurisconsulte a montré que, savants et législateurs, tous l'avaient mal comprise jusqu'ici.

Mais il ne suffisait pas de prendre en considération les coutumes monténégrines; il fallait aussi « les rattacher aux grands principes qui forment le droit commun des peuples modernes. » Il fallait être à la fois conservateur et progressiste. La rédaction d'un nouveau code ne pouvait aller sans qu'on essayât de faire pénétrer dans le Monténégro, la science et la civilisation du reste de l'Europe. L'auteur du code a toujours été, sous ce rapport, à la hauteur de la mission qui lui a été confiée.

13. IV. L'ordonnance de promulgation est, sur tous les points que nous venons d'indiquer, fort instructive :

Nous Nicolas Ier, par la grâce de Dieu, prince du Monténégro, etc.

Attendu que la dernière guerre, où l'antique valeur des Monténégrins a de nouveau brillé de tout son éclat, a été couronnée par une paix dont l'effet a été non seulement d'étendre beaucoup les limites de notre chère patrie, mais encore de faire reconnaître officiellement le Monténégro comme un Etat européen indépendant ;

Attendu que notre gouvernement a pris les mesures nécessaires pour accroître dans toutes ses branches la puissance productive du pays ;

Attendu que nous avons fait construire des routes et des chemins et établir d'autres moyens de communication de nature à développer le commerce intérieur et extérieur ;

Attendu que l'administration publique a été presque entièrement renouvelée et qu'elle a reçu de grandes améliorations dans les parties que l'on a laissé subsister ;

Convaincus :

Que rien n'est plus nécessaire pour le développement régulier d'une nation,

(1) Spalato, 1876. Belgrade, 1887. Agram, 1888.

(2) Traductions, Pétersbourg, Agram, Belgrade, 1885. [V. *Rev. crit. d'hist. et de litt.*, 1885, p. 505.]

que rien n'assure mieux son bien-être et sa prospérité qu'une bonne législation, applicable partout et égale pour tous;

Nous avons porté notre attention sur nos lois et notre jurisprudence:

Comme, d'ailleurs, l'activité commerciale et industrielle de notre pays, ayant pris un grand essor à l'extérieur comme à l'intérieur, on a vivement senti la nécessité d'avoir un code de lois réglementant les questions de droit relatives aux biens et au patrimoine;

Pour ces motifs :

Nous avons résolu de consacrer toutes nos forces à doter le Monténégro d'un code civil; les travaux préparatoires ont été commencés déjà avant la guerre.

Mais cette entreprise, — qui est d'une si grande importance et d'une extrême difficulté, même pour les grands Etats, — était particulièrement difficile pour le Monténégro; nous avons toujours pensé, en effet, que s'il fallait tenir compte, dans la confection d'un code, des résultats de la science et des travaux législatifs des autres nations civilisées, il était indispensable de prendre en considération les idées populaires en matière de droit et de justice, les coutumes, les traditions et les besoins de la population monténégrine...

La réalisation de cette entreprise n'a été possible que grâce au puissant concours de l'Empereur de Russie: ce souverain, dont la haute bienveillance envers le Monténégro ne s'est jamais démentie, nous a fourni les moyens nécessaires pour atteindre ce but. D'un autre côté, nous avons été assez heureux pour trouver un homme dont la claire intelligence, dont la science, l'énergie et le dévouement pouvaient seuls mener à bonne fin une tâche aussi difficile et aussi épineuse: cet homme est M. le docteur Bogisic, conseiller d'Etat russe, professeur de droit à la Faculté d'Odessa, originaire d'une contrée voisine du Monténégro, de Raguse. Sa Majesté l'empereur Alexandre II, de haute et heureuse mémoire, a bien voulu le charger de la rédaction d'un code, et l'illustre empereur régnant, Alexandre III, l'a prié de continuer et de terminer l'œuvre commencée. Notre reconnaissance et celle du Monténégro est à jamais acquise, pour ce grand bienfait, à l'impérial libérateur (1) Alexandre II, comme à Alexandre III, l'impérial protecteur de la race slave et de l'orthodoxie.

A cause de l'extrême importance de ce code pour notre peuple, aussi bien dans le présent que dans l'avenir, à cause des difficultés et des empêchements de tout genre que l'on rencontre à tout pas dans l'accomplissement d'une pareille tâche, à cause du caractère tout spécial des lois sur le patrimoine, le projet de code civil, rédigé par le savant que nous venons de nommer, a été soumis, à plusieurs reprises, à l'examen des jurisconsultes du Monténégro et de l'étranger.

Nous-mêmes nous avons examiné ce projet d'une manière approfondie, et, après avoir reconnu qu'il était en parfaite conformité avec les principes du droit, les bonnes coutumes et les besoins pratiques de notre cher Monténégro, nous en avons fait la base de notre législation et nous lui avons donné notre haute approbation, etc.

Donné à Cettigne, le jour de l'Annonciation, 25 mars 1888.

NICOLAS.

(1) Allusion à l'affranchissement des serfs, 1861.

CHAPITRE IV.

LE CODE ENVISAGÉ DANS SON ENSEMBLE.

14. I. Aperçu des matières qui y sont contenues.

Décret de promulgation.

PREMIÈRE PARTIE (art. 1 à 25). Introduction et dispositions générales.

Chap. Ier. — Des lois.

Chap. II. — Des sujets du droit.

Chap. III. — Du patrimoine et de sa protection.

Chap. IV. — De la possession.

DEUXIÈME PARTIE (art. 26 à 221). De la propriété et des autres droits réels.

Chap. Ier. — De l'acquisition de la propriété des immeubles.

Chap. II. — De l'acquisition de la propriété des meubles.

Chap. III. — De l'étendue et de la protection de la propriété.

Chap. IV. — De la copropriété.

Chap. V. — Des droits de voisinage.

Chap. VI. — Des servitudes réelles.

Chap. VII. — De l'usufruit.

Chap. VIII. — Du gage.

Chap. IX. — De l'antichrèse.

Chap. X. — De l'hypothèque.

TROISIÈME PARTIE (art. 222 à 493). De la vente et des autres principales espèces de contrats.

Chap Ier. — De la vente.

Chap. II. — De l'échange.

Chap. III. — Du prêt de consommation.

Chap. IV. — Du prêt à usage.

Chap. V. — Du louage de choses.

Chap. VI. — Du bail à ferme.

Chap. VII. — Du cheptel, etc.

Chap. VIII. — Du louage d'ouvrage.

Chap. IX. — De l'assistance à titre gratuit et à titre onéreux.

Chap. X. — *Locatio operis faciendi* (entreprise d'ouvrage).

2

Chap. XI. — Du contrat d'expédition.

Chap. XII. — Du dépôt.

Chap. XIII. — Du mandat.

Chap. XIV. — De la société simple.

Chap. XV. — De la *Supona*

Chap. XVI. — De la *Sprega*.

Chap. XVII. — Du cautionnement.

Chap. XVIII. — De la transaction.

Chap. XIX. — Du jeu et du pari.

Chap. XX. — Des donations.

Quatrième partie (art. 494-635). Des contrats en général et des autres actes ou rapports d'où naissent des obligations.

Chap. Ier — De la formation des contrats.

Chap. II. — De l'exécution des contrats.

Chap. III. — Des conséquences de l'inexécution ou de l'exécution défectueuse des contrats.

Chap. IV. — Des conventions spéciales qui accompagnent la conclusion des contrats (arrhes, dédit, clause pénale, solidarité, conditions).

Chap. V. — Des obligations qui naissent de faits illicites.

Chap. VI. — Des dettes naissant de causes diverses.

Chap. VII. — Du transport des créances.

Chap. VIII. — De l'extinction des obligations.

Cinquième partie (art. 636 à 766). Des personnes et des autres sujets du droit.

Chap. Ier. — Des majeurs.

Chap. II. — Des mineurs et de la tutelle.

Chap. III. — Des déments et des prodigues et de leur mise en tutelle.

Chap. IV. — Tutelle des absents, des détenus, des hérédités vacantes et de la *cura ad hoc*.

Chap. V. — Durée de la capacité et déclaration de décès.

Chap. VI. — Communauté de famille.

Chap. VII. — Du Pleme et du Brastvo; communautés de villes et de villages.

Chap. VIII. — Des églises, des cloîtres et des autres établissements religieux.

Chap. IX. — De l'Etat.

Chap. X. — Des corporations.

Chap. XI. — Des fondations.

Sixième partie (art. 767 à 1031). Explications, compléments et définitions.

15. II. Le nouveau code, on le voit, se restreint à la réglementation

du droit patrimonial (*Vermögensrecht*). Il n'y est question que des biens et non de la constitution de la famille et du droit de succession.

Le législateur a pensé qu'il était trop dangereux de codifier le droit de la famille, au moins au Monténégro. Le moindre vice dans l'organisation légale de la famille aurait compromis le sort du code tout entier. « Si Savigny, dans la première moitié de ce siècle, a pu prétendre que la science de son temps n'était pas à la hauteur d'une codification du droit civil, je me crois autorisé à penser aujourd'hui comme lui, du moins pour ce qui concerne les éléments de la famille nationale chez les Slaves. » Telles sont les paroles mêmes de M. Bogisić et il les justifie en insistant sur la nature originale de ces éléments, sur la multiplicité des formes de la famille, sur l'insuffisance des études faites jusqu'à présent de ces différentes formes et de leurs rapports mutuels, enfin sur l'état social et économique du peuple monténégrin (1).

Bien des questions fondamentales relatives au droit de la famille sont restées sans solution jusqu'à nos jours. Ainsi, il y a environ trente ans, les hommes d'une tribu n'épousaient jamais qu'une femme d'une autre tribu; on pratiquait la plus stricte exogamie. Mais les choses ont bien changé depuis. A l'heure qu'il est, il serait bien difficile de dire si c'est l'exogamie ou l'endogamie qui est la règle générale.

Du reste, il fallait encore éviter le danger de donner en une seule fois trop de lois écrites à un peuple qui en avait eu si peu jusqu'ici. La prudence conseillait de tenir la balance égale entre le droit écrit et le droit coutumier.

L'auteur du code monténégrin a procédé ainsi pour une autre raison, c'est qu'il partage l'opinion, fort juste à mon sens (et qui se répand de plus en plus), d'après laquelle le droit de la famille ne fait pas partie du droit privé. Telle est également la manière de voir de R. Sohm (2). Ce savant dit formellement : « Le droit privé n'est autre chose que le droit relatif au patrimoine. »

A ce point de vue, on pouvait se demander si le droit des successions devait être compris ou non dans le nouveau Code. Le législateur du Monténégro s'est décidé à le laisser de côté. On ne peut que l'approuver, surtout si l'on se place au point de vue historique. Chez les Slaves du Sud, comme chez les Germains, le droit de succession a eu pour base l'organisation de la famille. Brunner a dit avec raison que les successions faisaient partie du droit de la famille (3).

(1) *Op. cit.*, p. 9 et 10.

(2) *Institut. d. r. Rechts*, § 19.

(3) *Rechtsgesch.*, § 23 (*Holtzendorff's Encyclopaedie*). Voir, dans le même

Quoique l'organisation de la famille et la matière des successions soient exclues du nouveau Code, le législateur n'a pas hésité, lorsque le besoin s'en est fait sentir, à traiter des rapports entre les tiers et la famille (ou les membres de celle-ci).

En Allemagne, au contraire, où la situation est toute autre qu'au Monténégro, on a dû comprendre dans le nouveau Code civil le droit de la famille et le droit des successions. Néanmoins il s'est trouvé des voix autorisées pour s'élever contre cette manière de procéder (1) et il est certaines parties du projet, par exemple ce qui concerne la séparation de corps, qui sont tout à fait manquées.

Remarquons en terminant sur ce point, que les idées de M. Bogisić ont été adoptées au Japon. On sait que ce pays vient d'être doté de plusieurs Codes. Consulté sur le point de savoir s'il convenait de codifier le droit de la famille, M. Bogisić répondit au chef de la section japonaise à l'exposition universelle de 1878, Matzaioschi-Matzugata, que ce serait s'engager dans une mauvaise voie. Et les raisons qu'il fit valoir furent regardées comme tout à fait convaincantes.

16. III. Le Code monténégrin n'est pas seulement un recueil de lois, c'est aussi, dans un certain sens, un manuel de droit civil. L'auteur du Landrecht prussien, Svarez, considérait comme une chose fort désirable que tous les gens instruits pussent étudier son Code; il eût regretté que celui-ci ne fut accessible qu'aux jurisconsultes de profession. Il souhaitait que tous les citoyens eussent connaissance non seulement du droit pénal et des lois de police, mais même des règles du droit privé, ne fut-ce que pour pouvoir se guider dans les circonstances ordinaires de la vie civile, éviter les fraudes, bien apercevoir les conséquences légales de leurs actes, veiller à la bonne rédaction des contrats qu'ils passent, enfin et surtout ne pas compromettre leurs droits par leur négligence (2).

Ce que Svarez regardait comme d'une grande utilité pour la Prusse, M. Bogisić l'a, avec raison, considéré comme absolument nécessaire pour le Monténégro.

17. IV. Du moment où le Code monténégrin devait servir de manuel de droit civil, il fallait apporter un grand soin à sa rédaction. L'auteur du Code s'est heurté à des difficultés du genre de celles que dut rencontrer, au moyen âge, le célèbre Eike von Repkow, dans la confection du Miroir de Saxe.

sens, Gengler, *Deutsch. Privatr.*, § 170. Gierke, *Zeitsch. f. Rechtsg.*, t. XII, p. 481. Leuthold, *Russische Rechtskunde*, p. 77. Schroeder, *Rechtsgeschichte*, p. 70.

(1) Lang, *Kritik des bayrischen Entwurfs eines bürgerlichen Gesetzbuches*, Munich, 1861.

(2) Svarez und Gossler, *Unterricht über die Gesetze*, 1793, Vorrede, p. III.

Quant à la langue qu'il a employée, il nous dit lui-même : « Je me suis tenu au langage populaire, évitant, dans la mesure du possible, les tournures et les mots empruntés par les littérateurs aux langues étrangères ou formés suivant l'esprit de ces dernières (1). » L'œuvre a ainsi, même au point de vue de la forme, un caractère strictement national. En s'attachant ainsi de la façon la plus stricte à la langue vivante du peuple, il a pu former un grand nombre de mots nouveaux, là où les écrivains et les législateurs qui l'avaient précédé s'étaient contentés de traduire purement et simplement des termes pris aux langues étrangères.

La même tendance se retrouve au point de vue du style proprement dit. Citons encore ici les paroles de M. Bogisic : « J'ai pris pour règle dominante de me faire bien comprendre par le peuple, et chaque fois que trop de concision devait amener de l'obscurité, je me suis résigné à paraître un peu prolixe » On sait que Savigny, comme Bentham, recommandait au législateur la plus grande concision possible; mais l'avis de ces deux grands esprits est loin d'être partagé par tous; Bacon, pour ne pas citer d'autres autorités, a dit : « *in legibus et edictis ordinariis omnia fusius explicari debent et ad captum vulgi tanquam digito monstrari.* »

M. Bogisic est parti de principes moins absolus: à ses yeux il n'y a pas de règle générale en pareille matière. Il pourrait dire comme Svarez, dans son célèbre « *Pro memoria* » : la rédaction d'un Code doit varier suivant le degré d'instruction de ceux qui ont à le lire et à l'appliquer (2).

En général, cependant, il a préféré être plus long et s'exposer au reproche de prolixité. Çà et là, on trouve des dispositions fort brèves, mais elles sont expliquées dans la suite; ainsi l'art. 773 débute par l'axiome : les lois n'ont pas d'effet rétroactif; dans la suite cet axiome est développé et commenté.

18. En dehors de la langue et du style, il est important pour la rédaction d'un Code de s'occuper des termes techniques. Suivant M. Bogisić, ces termes sont de trois sortes : 1° les uns sont des expressions empruntées au langage populaire; 2° d'autres sont des expressions tirées des langues étrangères; 3° d'autres enfin, sont des termes créés artificiellement.

A°. M. Bogisic distingue quatre sortes d'expressions empruntées au langage populaire :

a) expressions populaires serbes, non usitées au Monténégro;

(1) *Op. cit.*, p. 18.
(2) Stölzel, *op. cit.*, p. 225.

b) expressions spéciales aux Monténégrins et qui ne sont pas usitées dans les autres pays serbes ;

c) expressions qui sont employées, mais qui ne le sont pas uniquement ; il y en a d'autres à côté de celles-là pour désigner la même chose ;

d) expressions qui sont prises dans plusieurs sens.

A propos de chacune de ces espèces d'expressions, M. Bogisic a dû adopter une règle spéciale afin de mettre la loi à la portée de tous. Prenons, pour mieux nous faire comprendre, des expressions du groupe *d*). Il y a des expressions de ce genre, des termes amphibologiques même dans nos meilleurs Codes. Ainsi le mot *droit* (*Recht*) signifie tantôt règle de droit, droit au point de vue objectif, tantôt faculté, droit au point de vue subjectif et même, en allemand, tribunal (*Gericht*) (1). L'expression romaine *liberi naturales* et l'expression française *enfants naturels*, prêtent aussi à ambiguïté.

Que fallait-il faire en présence de ces termes? Les éviter toujours ou laisser au lecteur le soin de faire les distinctions nécessaires? Tantôt l'un, tantôt l'autre. On ne saurait poser de règle absolue. Ainsi l'expression « *pravo* » a plusieurs sens : elle signifie *jus* au point de vue subjectif, puis *justum*, *vere* et enfin *directe*. La distinction entre ces diverses significations est assez facile; on voit aisément, d'après la contexture de la phrase, si l'on est en présence d'un substantif, d'un adjectif ou d'un adverbe. On peut donc ici laisser au lecteur la solution de la difficulté, si difficulté il y a. Mais le même mot *pravo* est employé par les savants serbes dans le sens de droit au point de vue objectif. Dans un Code fait pour le peuple, M. Bogisić a absolument évité d'employer ce mot avec un sens que les savants seuls lui donnent.

Le droit au point de vue objectif s'appelle, dans le Code monténégrin : *zakon*. Ce terme, comme le mot anglais *law*, veut dire : loi, et par extension : règle de droit (loi et coutumes). Les lois judiciaires de l'empire d'Allemagne de 1877 (procédure civile, procédure criminelle et loi sur les faillites), donnent aussi au mot *Gesetz* le sens de règle de droit (2).

Citons un dernier exemple : *duznik*, dans la langue populaire monténégrine signifie également créancier et débiteur. Un mot aussi usuel pouvait-il être pris dans ces deux sens? Non, évidemment, sous peine de s'exposer à des confusions inévitables. Le Code monténégrin

(1) Stölzel, *Fünfzehn Vortraege aus der Brandenburgisch-pr. Rechts = und Staatsgeschichte*. Berlin, 1889, p. 4.

(2) Il y a même des écrivains qui lui donnent ce sens. Schein, *Unsere Rechtsphilosophie und Jurisprudenz*. Berlin, 1889, p. 129.

n'a employé le mot *duznik* que dans le sens de débiteur. Le créancier y est désigné par un mot nouveau que M. Bogisić a dû créer, le mot *duzitelj*, du verbe *duziti*, j'affirme qu'on me doit quelque chose (1).

B°. Quant aux termes qui sont empruntés aux langues étrangères, M. Bogisić établit une distinction entre ceux dont se servent les savants et ceux qui sont en usage dans le peuple. Les termes tirés par les savants des langues étrangères sont d'ordinaire inintelligibles pour le peuple; on les a écartés absolument. Pour les mots étrangers employés par le peuple, il y a lieu de voir si la langue nationale n'a pas de terme ayant la même signification auquel cas il faut donner la préférence aux termes de la langue nationale. Quand la langue nationale ne contiendra pas de terme correspondant, on aura à se demander si l'expression étrangère est ou non comprise partout; si elle n'est pas comprise partout, il vaux mieux créer un mot nouveau; dans le cas contraire, on l'adopte définitivement (p. ex. rizik = risico, kapara = arrha).

Les jurisconsultes serbes et croates empruntent les mots qui leur manquent aux langues étrangères par voie de traduction pure et simple. Mais les termes dont ils se servent échappent tout à fait au peuple et sont inintelligibles pour lui. M. Bogisic en donne plusieurs exemples qui ne laissent aucun doute sur ce point et qui démontrent à l'évidence combien il a eu raison de ne pas suivre leur exemple (2). Dans la rédaction des lois, il faut avant tout songer au peuple. C'est ce qu'a fait M. Bogisic. Il s'est efforcé de trouver, pour exprimer ses idées, des expressions populaires. A défaut de celles-ci, au lieu de faire des emprunts aux langues étrangères, il a tiré des expressions nouvelles du vieux slovéne (slave ecclésiastique), langue qui est, jusqu'à un certain point, pour les dialectes slaves, ce que le latin est pour les idiomes romans.

C°. Il y a enfin des cas où le législateur s'est vu dans la nécessité de créer des mots nouveaux. En ces cas, il s'est toujours demandé s'il allait être compris. Nouvelles difficultés! Chaque langue a son génie; chaque langue a sa façon de créer des idiotismes (3). Il a fallu que le

(1) (Dans la langue populaire allemande, le mot *Schuldner* a en même temps le sens de *creditor* et celui de *debitor*; le terme *Glaübiger* a été formé à l'imitation de l'expression latine *creditor*. *Remarque de M. Bogisić.*)

(2) L'histoire de la germanisation des mots étrangers est aussi très instructive à cet égard. Comp. Sarrazin, *Verdeutschungswörterbuch*, p. XX.

(3) Ex. : l'allemand *lesen*, le latin *legere*, le slovène *brati*, reposent sur l'idée de recueillir; le serbe *citati*, sur celle de compter. En français, on dit *apprendre par cœur*; en italien, *a mente*, *a memoria*; en russe et en serbe, *na izust* (à exprimer); en allemand, *auswendig*.

législateur devinât en quelque sorte l'expression qui serait sortie d'elle-même de la bouche du peuple (1). Comme le peuple, il n'a pas hésité à prendre des mots dans un sens figuré ; comme lui, il a étendu ou restreint la signification des termes dont il se servait (2) C'est ainsi qu'en français le mot *gage*, et en allemand le mot correspondant *pfand*, peuvent être pris dans un sens restreint pour désigner le gage purement mobilier, ou dans un sens plus large pour désigner les sûretés mobilières ou immobilières.

Quand on ne réussit pas à former convenablement un mot nouveau, il ne reste plus qu'une ressource au législateur, il doit procéder par voie de périphrase; ainsi, quand il lui manque un mot correspondant au latin *stipulans*, il dira : celui qui s'est fait promettre quelque chose... Ce n'est pas une raison pour imiter les rédacteurs du projet allemand et pour dire, au lieu de *l'enfant* tout court, *la personne qui est encore dans l'état d'enfance.*

Les études de philologie juridique auxquelles s'est livré M. Bogisic pour arriver à une bonne rédaction de son Code civil, ont porté leur fruit. Des juges compétents ont reconnu que son œuvre était excellente à ce point de vue. Le comte Vojnović, professeur de droit civil à Agram, écrivait dans la Revue de droit de cette ville (3) que le nouveau Code monténégrin resterait un modèle de style législatif. L'auteur, ajoutait-il, a su être clair, simple et attachant, sans rien sacrifier de la rigueur scientifique nécessaire en un pareil sujet.

De son côté, M. Georgevic, professeur de droit civil à Belgrade, dit, dans la revue juridique *le Défenseur*, 1888, nº 15 à 22 : « Pas un législateur n'avait présenté d'une façon aussi claire que M. Bogisić les idées les plus abstraites... Il s'est proposé d'être intelligible pour tout lecteur ;... ce but a été atteint... Vuk et Danicić (deux savants qui se sont occupés des idiomes des Slaves du Sud) nous ont montré de quelle souplesse et de quelle beauté était susceptible la langue serbe... Le Code de Bogisić est un complément indispensable des œuvres de Vuk et de Danicić... Au point de vue de la langue, le nouveau Code est fort supérieur à tous ceux qui l'ont précédé. L'auteur a rendu un grand service au droit serbe en enrichissant la langue juridique de ce pays, si pauvre jusqu'ici en termes techniques, d'un grand nombre d'utiles expressions. »

(1) En cela, il doit sacrifier ses goûts et ses préférences, s'inspirer des procédés populaires, se substituer en quelque sorte au peuple et oublier sa propre personnalité.

(2) En allemand, on aurait pu traduire le mot *usucapio*, par exemple par *Gebrauchsnahme*; on a préféré tirer le terme *Ersitzung* de *Besitz* (possession). M. Bogisic a souvent usé du premier procédé et a évité ce dernier.

(3) Nº de juillet 1888.

19. V. Un dernier mot sur la forme des dispositions du Code monténégrin. Le législateur a toujours su leur donner une forme concrète. « Je me suis toujours conformé, » a-t-il dit lui-même, « à la règle suivant laquelle on doit procéder du concret à l'abstrait, du connu au moins connu. D'après cette règle, le titre « des droits réels, » par exemple, que nous rencontrons dans presque tous les Codes, a été modifié de manière à présenter d'abord un élément fréquent et connu pour passer ensuite à une idée plus générale. Il a été rédigé de la manière suivante : « De la propriété et des autres droits réels (1). » On a dit de même : 5e partie, des personnes et des autres sujets de droit; 4e partie, des contrats et des autres actes productifs d'obligation ; ailleurs, des maisons et des autres immeubles, des chevaux et des autres meubles; des maisons, des chevaux et des autres choses corporelles.

Le projet allemand ne mérite malheureusement pas les mêmes éloges que le Code monténégrin au point de vue de la forme, de la langue et du style (2). On a abusé des termes abstraits à tel point qu'il y a beaucoup de passages peu intelligibles. C'est une sorte de jeu de patience, a-t-on dit. On lit des mots qu'on ne comprend pas. Le sens se dégage peu à peu et à la longue ; mais il faut, pour l'apercevoir, un effort qu'on aurait dû épargner au lecteur (3). Il n'y a, au point de vue de la langue, qu'une chose à louer dans le nouveau projet, c'est le soin avec lequel on a évité les expressions tirées des langues étrangères (4).

20. VI. De la rédaction du Code monténégrin passons à l'examen de ce Code considéré dans son ensemble, à l'économie de cette loi.

La partie générale par laquelle il débute ne comprend que 25 articles et ne pose que des règles fort simples. La deuxième partie s'occupe des droits réels. La troisième partie est relative aux divers contrats envisagés isolément et la quatrième, aux règles générales sur les contrats et les autres sources d'obligations. La cinquième partie est consacrée aux personnes ou sujets de droit. La sixième et dernière partie contient des explications, des définitions et des dispositions

(1) *Op. cit.*, p. 20.

(2) [Voy. Bufnoir, Communication sur la partie générale du projet de Code civil allemand (*Bulletin de la Société de législation comparée*, février 1889, p. 147).]

(3) Meischeider, *Die alten Streitfragen gegenüber dem Entwurfe*, p. 99. Bekker, *System und Sprache des Entwurfes*, p. 73. Gierke, *op. et loc. supr. cit.*

(4) Et encore faut-il faire une restriction à cet éloge. Les termes techniques du projet allemand sont de simples traductions des termes latins correspondants. Les rédacteurs du projet du Code civil allemand ont ainsi procédé d'une façon peu scientifique.

complémentaires. On aurait pu, à la rigueur, procéder d'une manière encore plus logique pour passer du concret à l'abstrait ; ainsi on aurait pu commencer par la vente, passer de là aux autres contrats, aux obligations et enfin en venir aux droits réels. Mais M. Bogisic n'est pas de ceux qui sacrifient tout à la logique ; il adopterait volontiers pour règle : *summum jus summa injuria.* Du reste, dans un pays sans commerce comme le Monténégro l'était avant le traité de Berlin, les droits réels ont une plus grande importance pratique que les obligations.

La plus originale des parties qui composent le nouveau Code est la dernière, celle qui est consacrée aux explications et aux définitions. Il était nécessaire de l'y faire figurer pour conserver au Code sa destination de manuel. Placer des définitions dans le corps du livre n'était guère possible. On aurait rompu le lien qui unit les divers articles entre eux. D'ailleurs, l'auteur du Code a aussi pensé que cette dernière partie pouvait lui servir à compléter son œuvre. Certaines dispositions d'un caractère abstrait, d'une application pratique fort rare, avaient à ses yeux leur place marquée à la fin du Code.

Voici dès lors ce qu'on trouve dans cette sixième partie : 1° des définitions ; le législateur explique les termes techniques de son invention, comme le font les lois de l'Angleterre et de l'Amérique du Nord ; à ce point de vue, on peut le comparer au titre *de verborum significatione* dans le Digeste. — 2° Il y a des développements relatifs aux dispositions de la cinquième partie. — 3° On y voit des dispositions complémentaires, notamment pour des matières restées jusqu'ici étrangères au droit monténégrin ; par exemple sur la théorie de la possession (la partie générale n'a que 8 articles, la sixième partie en contient 20 sur ce sujet), à propos du droit international privé (il n'y a que 4 articles dans la partie générale, il y en a 15 dans la sixième partie). — 4° A la fin, on a placé des *regulae juris.*

Si originale que paraisse l'idée de placer dans un Code une partie purement doctrinale, elle n'est pourtant pas tout à fait nouvelle. Il y avait une partie doctrinale dans un recueil prussien, le *corpus juris Fridericianum*, premier livre d'une ordonnance sur la procédure du 26 avril 1781 (1). La quatrième partie de ce Corpus renferme des lois de nature à expliquer les règles posées dans l'ordonnance sur la procédure. C'est qu'on voulait aussi, dans une certaine mesure, faire de ce Code un manuel, un livre d'enseignement.

21. VIII. A vouloir être trop clair et trop détaillé, il y avait un danger que n'a pas su éviter le législateur prussien. On risquait de tomber dans la casuistique. Le législateur monténégrin a su ne pas se

(1) Stölzel, *op. cit.*, p. 192, 216.

perdre dans ces questions de détail et dans ces difficultés secondaires, comme avait eu tort de le faire l'auteur du Landrecht prussien. Il n'est entré dans d'assez longs développements que lorsqu'il l'a jugé nécessaire pour éviter certaines idées fausses, certaines confusions qui risquaient de se présenter à l'esprit d'hommes peu habitués aux lois écrites. Mais partout où il a cru qu'on pouvait comprendre aisément sa pensée, partout où il a exprimé des règles et des coutumes familières aux Slaves du Sud, il a visé à la plus grande concision (1).

22. IX. Comme le nouveau code était destiné à un pays où il y avait jusqu'ici peu de transactions, le législateur a pu négliger des questions qui ne se présentent guère que là où le commerce est très développé. Un exemple fera comprendre notre pensée. Le code ne traite pas de l'action paulienne en général. La seule disposition qui y soit relative est celle de l'art. 492 : « toutes les donations faites en fraude des droits du créancier sont révocables. Mais le donataire de bonne foi ne restitue que ce dont il s'est enrichi. » Une théorie générale de l'action paulienne n'aurait eu pour les Monténégrins qu'un intérêt purement doctrinal, les cas où cette action est applicable ne se présentant que fort rarement chez eux. On a pu réserver la question pour l'époque où la multiplication des transactions aura donné lieu à un inévitable accroissement de fraudes.

23. X. A propos du contenu des diverses parties du code, remarquons une fois pour toutes que certaines d'entre elles ont un caractère national plus prononcé que d'autres. Ainsi les droits réels y sont traités selon les principes de la législation en vigueur chez les Slaves du Sud, tandis que les droits personnels, la théorie des obligations se rattachent, comme dans tous les autres pays, aux doctrines romaines (2). Ce n'est pas à dire que la théorie des obligations elle-même n'ait été traitée d'une manière originale. M. Bogisić ne s'est pas contenté ici de faire comme les rédacteurs du code civil italien de 1865; ceux-ci n'ont donné qu'une *repetita praelectio* du Code Napoléon; M. Bogisić ne s'en est pas tenu là. Il a fait entrer dans les théories romaines les éléments du droit national qui devaient être conservés avec ou sans modifications (v. chap. IX, § II), et quant aux questions générales, les mêmes pour tous les peuples, il a mis son code au courant des dispositions législatives les plus récentes et des travaux de la science moderne (chap. VII, §. I).

24. XI. On comprend que dans un code comme celui du Monténé-

(1) Svarez et Gossler, *Vorrede*, p. IV.

(2) Heusler, *Deutsch. Privatrecht*, II, p. 219. Sohm, *Grünhuts Zeitsch.*, I, p. 262. Laband, *Archiv. für civil. Praxis*, t. LXXIII, p. 161.

gro, l'équité et l'appréciation du juge tiennent une grande place. Il suffira de citer quelques articles pour le montrer.

En matière de cas fortuits, on applique d'ordinaire la règle : *casum sentit dominus*. Mais l'art. 231 décide que quand on ignore si le cas fortuit s'est produit avant ou après le transfert de la propriété, et que la responsabilité d'un seul semble peu équitable à raison des circonstances particulières du fait, le tribunal peut mettre les risques à la charge de tous les intéressés.

A propos du louage de services, l'art. 334 est ainsi conçu : le maître n'a pas le droit d'exiger de ses domestiques des services contraires aux lois ou aux mœurs. Au contraire, il doit veiller à augmenter chez ses serviteurs le respect des principes de la morale et du droit.

Art. 335. Lorsque des gens de service sont malades, le maître doit les soigner au moins pendant un mois ; passé ce délai, si le malade n'est pas guéri, les tribunaux décident en s'inspirant de l'équité.

Art. 340. Si la pluie ou tout autre empêchement viennent interrompre les travaux, le maître a le droit de retenir une partie du salaire promis, pourvu que les travaux aient été interrompus pendant plus du quart de la journée. Mais dans tous les cas la nourriture est due aux ouvriers.

L'art. 785 définit les bonnes mœurs en disant que ce sont des principes d'honnêteté et de droit à l'observation desquels les autorités ne peuvent pas toujours contraindre les particuliers, mais que le sentiment public prescrit à tout le monde de respecter.

Notons enfin l'art. 890 qui parle de la bonne foi en matière de société : les associés doivent se traiter comme des frères ; la fidélité, l'honnêteté et la loyauté doivent diriger leur conduite ; c'est ce qu'on ne doit jamais oublier, lorsqu'on a à s'occuper des relations qui les unissent. Ceci rappelle les prescriptions du Landrecht prussien (§ 539, I, 11) pour toutes les affaires où l'on court des risques, et par suite en matière d'assurance : les parties doivent loyalement se donner l'une à l'autre tous les renseignements nécessaires sur les circonstances d'où peut dépendre le succès ou l'insuccès de l'affaire projetée.

Les dispositions que nous venons d'analyser prouveraient, si cela était nécessaire, que le législateur du Monténégro s'est préoccupé non seulement de codifier le droit existant, mais encore d'en relever, si l'on peut dire ainsi, le niveau moral.

25. XII. Terminons cet aperçu général par une observation d'une réelle importance (1) à propos de l'économie du code tout entier. M. Bogisic, en le rédigeant, a toujours été pénétré de l'idée que la codification ne devait pas se faire de la même manière dans tous les pays ; il

(1) Pétersbourg. Herold, 27 nov. (9 déc.) 1889.

a cru devoir s'astreindre à la plus grande réserve pour conserver au droit sa force créatrice et donner une base ferme au développement futur de la législation monténégrine. Cela lui a inspiré la pensée de classer par catégories bien distinctes les matériaux servant d'ordinaire à la confection d'un code civil. C'est le premier essai de ce genre qui ait été fait sur une grande échelle. Chacune des catégories ainsi établies a été l'objet d'un traitement spécial dans l'œuvre générale de la codification. Ainsi les matériaux qui composent le droit de famille et le droit de succession et divers autres matériaux, ont été mis à part; on les a regardés comme n'ayant pas la même nature que les autres (chap. IV, n° II). Les lois impératives ont été séparées des règles didactiques, la partie pratique de la partie doctrinale (chap. IV, n° III, n° VII). Les règles du droit national ont été traitées autrement que les règles communes aujourd'hui à la plupart des peuples civilisés (n° X).

Cette classification des matières du droit, faite à un point de vue nouveau, a été poursuivie jusque dans les points secondaires. Ainsi on a bien exclu le droit de famille du nouveau code; mais on a distingué dans ce droit certaines parties, ce que M. Bogisic appelle les *externa*, et on n'a pas hésité à les faire figurer dans le Code (v. ci-dessus). De même, on a distingué dans la théorie de la possession, deux parties, l'une principale, l'autre accessoire, la première a trouvé place au commencement du Code, la deuxième à la fin; la première ne comprend que des dispositions brèves et concises; la deuxième renferme de longs détails, est traitée d'une façon didactique et les règles y sont suivies d'exemples (n° VII).

Cette classification se rattache à l'idée fondamentale d'après laquelle le but poursuivi par le législateur et les moyens qu'il emploie pour l'atteindre ont un caractère tout relatif. Nous avons signalé plus haut cette idée: il est inutile d'y revenir.

CHAPITRE V.

PARTIE GÉNÉRALE DU CODE.

26. I. Les lois sont exécutoires un mois après leur publication, sauf disposition contraire (art. 1er).

27. II. Les dispositions relatives aux sources du droit et en particulier à la coutume, sont d'une grande importance. L'art. 2 décide que les rapports de droit, non prévus dans le présent code et dans ses compléments, se règleront d'après les bonnes coutumes (art. 779, 780). Or voici comment l'art. 779 définit les coutumes; on entend par là, dit-il, en donnant à ce mot sa signification légale, les règles qui sont reçues et appliquées comme de véritables lois dans la pratique des affaires et dans la jurisprudence, si elles ne font pas partie du droit écrit. D'après l'art. 780, lorsqu'on doit appliquer le droit coutumier, et qu'il s'agit d'un genre d'affaires pour lequel il y a des usages spéciaux parmi les personnes qui s'en occupent (commerçants, industriels, etc.), on s'en tient de préférence aux usages suivis parmi ces personnes, pourvu qu'ils ne soient pas en opposition avec la loi ou les bonnes mœurs.

Le Code est d'accord avec le droit romain, le droit allemand, le droit prussien et les codes modernes, en ce sens tout au moins qu'il reconnaît l'autorité du droit écrit à côté du droit coutumier. Il se sépare complètement du projet de Code civil allemand qui n'admet l'application de la coutume qu'à titre exceptionnel, dans les cas où la loi y renvoie formellement; et ceci est d'autant plus significatif que le projet ne fait aucun renvoi de ce genre.

L'état économique de l'Allemagne diffère assez de celui du Monténégro pour que ces deux dispositions pussent être parfaitement justifiées l'une et l'autre. Mais je doute que le § 2 du projet allemand soit susceptible d'application pratique. Les motifs du projet (I, p. 7), expriment le désir que notre législateur consacre sans retard tous les progrès du droit et s'empresse de transformer en lois les améliorations nécessaires; en tout cas, disent-ils, mieux vaut la persistance momentanée d'une règle devenue peut-être inutile que les inconvénients qui résulteraient de la formation d'un droit coutumier dérogeant au droit écrit; et on fait le même raisonnement à propos des coutumes qui complètent la législation écrite. Mais si ce raisonnement est exact au premier cas, il l'est bien peu dans la deuxième hypothèse. Ce qui est vrai du droit coutumier dérogeant au droit écrit est faux du droit coutumier qui complète le droit écrit.

Qu'arrive-t-il, en effet, quand il se forme une institution juridique entièrement nouvelle? La plupart du temps, le législateur ne peut pas la réglementer immédiatement. A supposer même qu'il le puisse, il n'est pas désirable qu'il le fasse; car il risque trop de s'égarer, de manquer son but et de créer un droit savant (*Juristenrecht*), mais sans valeur pratique. Que fera le juge en attendant que la nouvelle institution soit réglementée? Les Motifs du projet de Code civil allemand, p. 7, répondent à cette question en disant que c'est à la jurisprudence à faire son œuvre; elle préparera par ses travaux la future législation. N'est-ce pas revenir au droit coutumier? (1). A quoi bon, dès lors, une disposition de nature à donner aux profanes l'idée, dangereuse peut-être de notre temps, que le législateur apprécie peu l'opinion publique en matière de droit.

Il y a, en outre, certains rapports de droit qu'il est difficile de réglementer dans tous les détails à cause de l'extrême variété de leurs formes : par exemple, la communauté de biens entre époux. On en est réduit à les laisser sous l'empire de la coutume (2).

Le code monténégrin ne pouvait pas ne pas laisser une extrême importance au droit coutumier, puisqu'il est fait pour un pays où la coutume avait été jusqu'à nos jours presque l'unique source du droit. Aussi admet-il non seulement que la coutume peut compléter le droit écrit, mais encore qu'elle peut le modifier. Ces deux sources du droit ont une égale autorité. Par là, la législation est vivante, se développe incessamment et ne reste point, comme ailleurs, stérile et morte.

A certains égards, on peut dire que c'était là le point de vue auquel se plaçaient les rédacteurs du *Codex Maximilianeus Bavaricus civilis* de 1756 (3). Il y a encore plus de ressemblances entre la législation monténégrine et la *Common law* en Angleterre et dans l'Amérique du Nord (4). Du reste, la législation monténégrine n'est pas comme une

(1) Comp. Klœppel, *Gruchot's Beiträgen*, t. XXXII, p. 263. Hölder, *Archiv. für civ. Praxis*, p. 13.

(2) Comp. Heimbach, *Andeutung. über eine allg. deutsche Civilgesetzgebung.* Iéna, 1848, p. 17.

(3) Comp. Schwartz, *Archiv.*, p. 11, 12.

(4) Kohler, *Eine Stimme jenseits des atlantischen Ozeans in der Kodificationsfrage, Archiv. für bürg. Recht*, t. II, 1889.

lourde et raide armure qui arrêterait tout progrès; c'est un vêtement léger et élastique qui préserve le droit actuel et lui permet de se développer conformément aux lois naturelles de la croissance et dans un sens tout à fait national.

Les « bonnes coutumes » dont parle le nouveau code font songer aux vieilles et louables coutumes du moyen âge allemand. Celles-ci ont péri (1). Le Monténégro, au contraire, a su garder ses antiques usages, et tant que le sentiment de l'indépendance sera aussi vif chez les habitants de la Montagne noire, il n'y a pas à craindre de les voir disparaître.

28. Il arrivera rarement qu'il se présente un cas non prévu par la loi ou par la coutume; cependant, si un pareil fait se produit, on résoudra la difficulté en s'inspirant par analogie des autres règles du droit, et s'il le faut, des principes généraux et de l'équité (art. 3). Cette disposition, qui est conforme à certains égards à celles des législations modernes (2), s'en éloigne au point de vue suivant; en cas de silence de la loi ou de la coutume, le juge doit se prononcer par analogie de ce que décident dans les cas semblables la loi ou la coutume; d'ordinaire, les raisons d'analogie ne sont tirées que du texte de la loi (3); d'après le code monténégrin, on doit aussi s'attacher à la coutume; c'est là une conséquence forcée de l'autorité qu'on a reconnue à la coutume.

29. Les dispositions que nous venons d'analyser ont été complétées par les art. 776 à 778.

Art. 777. Dans l'interprétation d'une loi, on doit s'attacher d'abord au sens littéral des mots.

Ensuite, si cela est nécessaire, on recherchera les motifs de la loi; on examinera, en premier lieu, sous l'empire de quelles circonstances la loi a été rendue, et quel est le but que le législateur s'est proposé d'atteindre; si cela ne suffit pas, on tiendra compte des rapports qu'il y a entre la loi et les règles analogues; il faut surtout tâcher de voir si le législateur, en l'édictant, a songé à la question dont on s'occupe, etc.

Ces recherches doivent toujours se faire simplement, naturellement, sans forcer le sens des mots et sans partir d'idées préconçues. Surtout, il ne faut pas négliger de remarquer que le législateur n'a pas eu et n'a pas pu avoir la pensée de causer préjudice à quelqu'un en employant des expressions ambiguës.

(1) Schwartz, *Archiv.*, p. 6 et 7.

(2) Comp. Code civil autrichien, § 7; Code civil saxon, § 25; Code civil italien, art. 3, al. 2; Projet allemand, § 1.

(3) Landrecht pruss. Einleitung, § 49; Projet allem., § 1.

Art. 777. S'il résulte des recherches auxquelles on s'est livré que le législateur n'a aucunement songé au rapport de droit en question, on partira de l'idée que la loi est muette.

Et alors le juge se prononcera d'après les principes posés dans les articles 2 et 3 du code, mais en prenant toujours en considération les lois qui ont réglementé les questions analogues.

Art. 778. Quand une loi a été interprétée par le législateur lui-même, il faut, dans tous les cas, lui donner le sens que le législateur lui a attribué.

Il y a, dans les articles 777 et 778, quelque chose qui est de nature à surprendre le lecteur. On pourra trouver singulier que le législateur prenne la peine de dire qu'il n'a voulu causer de préjudice à personne. Le fait est qu'on ne s'expliquerait guère de pareilles expressions dans un code allemand. Mais au Monténégro, elles ne sont pas sans utilité. N'oublions pas, en effet, que ce pays n'avait pour ainsi dire pas de lois écrites jusqu'ici.

Une dernière remarque : les règles contenues dans ces articles ont évidemment pour effet d'étendre le domaine du droit coutumier.

30. III. L'article 10 déclare que tout Monténégrin jouit des droits civils; personne ne peut l'en priver.

IV. Tous les Monténégrins sont égaux devant la loi. Le chef de l'Etat lui-même est soumis aux lois (art 11).

V. La religion n'a aucune influence sur la jouissance des droits civils (art. 12).

On peut dire ici, avec les motifs du projet allemand (I, p. 26), qu'on ne veut pas méconnaître par là l'influence qu'ont eue les idées chrétiennes sur la formation de la législation.

32. VI. La propriété est, dit le Code, art. 16, un droit sacré et inviolable. On ne peut prendre à personne contre son gré, à n'importe quel prix, même une minime portion de son patrimoine. Il n'y a d'exception que pour les cas où l'intérêt public l'exige absolument. En pareille hypothèse, l'Etat peut exiger de toute personne l'abandon d'un droit ou d'une chose. L'aliénateur doit alors recevoir le prix de la chose ou du droit qui lui est enlevé, au plus tard avant la livraison. On se propose de faire une loi spéciale sur l'expropriation pour cause d'utilité publique.

33. VII. La théorie de la possession est contenue dans les art. 18 à 25 et dans les art. 811 à 830.

La doctrine romaine de la possession avec toutes ses subtilités est étrangère au droit monténégrin comme à tout droit de formation populaire. Néanmoins le nouveau Code a pris pour point de départ les principes du droit romain en cette matière. Il s'est contenté de les mettre en harmonie avec les idées et les besoins du pays auquel il était destiné. Le législateur distingue la détention et la possession, la possession de bonne foi et de mauvaise foi, la possession légitime et la possession illégitime; il parle de la possession viciée par la violence, la clandestinité ou la concession à titre précaire, de la possession fictive (*contra eum qui dolo malo desiit possidere*); il pose la règle : *nemo sibi ipse causam possessionis mutare potest*; il distingue entre les *interdicta retinendae* et *recuperandae possessionis*; il décide enfin que nul ne peut se faire justice à soi-même et l'action possessoire, en cas de trouble ou de dépossession, se prescrit par trois mois.

CHAPITRE VI.

LES DROITS RÉELS.

34. La seconde partie du Code traite des droits réels. Nous allons passer en revue les dispositions les plus remarquables qu'on y trouve à ce sujet.

I. *Transfert de la propriété. Modes dérivés.* — La propriété des meubles se transmet par voie de tradition, conformément aux règles du droit romain, conformément aux principes du droit allemand, et, en particulier, de la législation prussienne. On s'est écarté, sur ce point, du droit français qui se contente de la simple convention.

En matière immobilière, le législateur a également donné la préférence aux doctrines allemandes. L'aliénation ne peut avoir lieu sans la rédaction d'un acte écrit (1) et sans une homologation judiciaire du contrat intervenu entre les parties. Pour parler d'une manière plus précise, il faut dire : de deux choses l'une, ou bien le contrat doit être conclu en justice, ou bien s'il est conclu extrajudiciairement, il est constaté par écrit et soumis à l'approbation des tribunaux. Il faut y donner une réponse précise aux questions précises posées dans la loi. Le juge du lieu où l'immeuble est situé doit examiner avec soin si l'on a satisfait à toutes les prescriptions de la loi. Dans le cas de l'affirmative, il appose au bas de l'acte la formule d'homologation, signe et scelle. Le transfert de la propriété s'opère à ce moment même, que le prix soit payé ou non (par exemple s'il s'agit d'une vente à crédit). Mais, dans ce dernier cas, le propriétaire a, comme nous le verrons, le droit d'obtenir une hypothèque.

On conserve au greffe du tribunal l'original de l'acte dressé pour constater le contrat homologué ou une une copie certifiée conforme.

(1) [Dareste, *Etudes*, p. 237 : « D'après le Code de 1796, l'acte de vente d'un immeuble devait être fait par écrit, en présence de trois témoins, signé et daté par l'écrivain. » — « D'après le Code russe, dit E. Lehr, *Droit civil russe*, p. 253, la propriété n'est transmise que lorsque l'acte juridique, qui est la cause de cette transmission, a été libellé en la forme prescrite par la loi. »]

35. II. *Modes originaires.* — Parmi les modes originaires d'acquisition de la propriété, citons les suivants :

1° La *prescription* qui était restée jusqu'ici complètement inconnue au Monténégro, a trouvé place dans le nouveau Code. Elle a lieu, en matière mobilière aussi bien qu'en matière immobilière, au profit du possesseur de bonne foi. Quand la possession repose sur un juste titre, la prescription a lieu au bout de quinze ans pour les immeubles, de cinq ans pour les meubles; en l'absence de juste titre, le délai est de trente ou de quinze ans suivant les cas.

36. 2° *La chasse.* — On admet sans restriction le principe : *res nullius cedit occupanti*. Le gibier devient donc la propriété de celui qui s'en empare (art. 74).

Dans tous les pays occupés par les Slaves du sud, la chasse est complètement libre. Chacun peut chasser où et comme il lui plaît. Il est permis de chasser non seulement sur les terres publiques, sur les montagnes, dans les forêts publiques, mais encore sur les fonds de terre appartenant à de simples particuliers, qu'ils soient cultivés ou non et jusque dans les vergers. C'est une règle admise non seulement dans une contrée comme le Monténégro qui a conservé les mœurs et les usages primitifs, mais encore dans les régions maritimes qui sont parvenues au plus haut degré de la civilisation. Il est facile de comprendre que le plaisir de chasser dans les vergers d'autrui se développe surtout au moment de la maturité des fruits.

37. 3° L'article 76 s'occupe des essaims d'abeilles. Le propriétaire peut suivre son essaim sur les fonds appartenant à autrui (même règle en droit allemand et d'après le § 907 du nouveau projet de Code civil allemand). Si l'essaim se pose sur le fonds d'autrui, par exemple dans la forêt du *Pleme*, et si le propriétaire ne peut pas s'en emparer immédiatement, il a cependant un moyen de conserver ses droits sur l'essaim; il lui suffit de placer à cet endroit une marque; l'essaim ne cesse pas de lui appartenir.

38. 4° A la théorie de l'occupation se rattachent, dans les articles 79 à 90, les règles sur l'invention des trésors et des choses perdues.

Le trésor appartient à la fois à l'inventeur et au propriétaire du fonds où il est découvert; chacun d'eux en a la moitié. Mais on n'accorde rien à ceux qui pratiquent secrètement des fouilles sur les fonds d'autrui pour y chercher des trésors, à ceux qui le font ouvertement, malgré les défenses du propriétaire, enfin aux inventeurs qui dissimulent la trouvaille qu'ils ont faite (art. 79, 80).

L'article 81 ajoute : afin d'établir si l'objet trouvé est un trésor ou non, l'inventeur d'une chose cachée est tenu de faire constater le fait de l'invention par témoins; il a un délai de trois jours à partir de ce moment pour prévenir les autorités du lieu le plus rapproché. Celles-ci se livreront à une enquête et en publieront les résultats. Si l'on constate qu'il s'agit bien d'un trésor, les dispositions des articles précédents s'appliqueront. Dans le cas contraire, c'est aux articles suivants qu'on doit se référer.

La loi nouvelle part du principe que les choses perdues ne sont pas des choses sans maître et que, par conséquent, l'inventeur est tenu de les restituer (1).

L'inventeur doit prévenir le plus tôt possible les autorités locales et leur remettre l'objet qu'il a trouvé. Pour les petites bêtes à cornes, l'inventeur déclare qu'il les a trouvées en présence de témoins, et il les garde, jusqu'à ce que l'autorité locale compétente ait pris les mesures nécessaires. Dans quelques cas, par exemple si la chose risque de dépérir, on la vend et le produit de la vente demeure entre les mains des autorités.

D'ailleurs, il y a lieu de distinguer suivant que l'objet trouvé vaut plus de 20 francs ou moins.

S'il vaut plus de 20 francs, les autorités locales doivent le remettre au tribunal qui ordonne de faire les publications d'usage.

Si celui qui a perdu l'objet se fait connaître, on le lui restitue immédiatement contre remboursement de tous les frais.

Lorsque deux années se sont écoulées depuis la première publication dans le journal, sans que le propriétaire qui a perdu la chose se soit fait connaître, la chose (ou sa valeur, suivant les cas) est remise à l'inventeur sur sa demande contre remboursement des frais; l'inventeur en a désormais la possession et la jouissance. On suppose, bien entendu, que l'inventeur a satisfait à toutes les prescriptions de la loi et de l'honnêteté.

Si le propriétaire ne se fait pas connaître dans les cinq ans qui suivent la remise de la chose à l'inventeur, la chose est regardée comme n'ayant pas de maître; l'inventeur en devient définitivement propriétaire. Mais si le propriétaire se fait connaître dans ces cinq ans, l'inventeur est tenu de restituer la chose, comme tout possesseur de bonne foi.

En prévision de cette restitution, l'inventeur qui reçoit en dépôt la chose trouvée doit fournir des garanties sur la demande du tribunal.

(1) [Dareste, *Etudes*, p. 233 : « Le Code d'Etienne Douchan pour la Serbie, 1349-1354, décide, article 86, que quiconque trouve une chose ne doit pas la prendre, même en disant : je la rendrai. Il doit la déclarer, autrement il est puni comme voleur et brigand. » — Voir, sur cette question, le nouveau projet de Code civil allemand, Challamel, *Bulletin de la Société de législation comparée*, avril 1889, p. 432.]

Dans le cas ou la chose trouvée ne vaut que 20 francs (ou moins), les autorité locales se contentent de donner avis du fait de l'invention au tribunal; elles prennent elles-mêmes les mesures nécessaires pour conserver la chose, la vendre en cas de nécessité, faire les publications requises dans la localité ou dans les environs. Si le propriétaire ne se fait pas connaître dans les trois ans, la chose est regardée comme sans maître et l'inventeur en acquiert la pleine propriété (1).

Enfin l'article 90 complète les dispositions qui précèdent, de la manière suivante :

Si l'inventeur enfreint les prescriptions de la loi, en particulier s'il n'agit pas d'une manière loyale, il perd tous les droits qu'il pouvait prétendre sur la chose, il est tenu de réparer le préjudice qu'il a causé, et il est puni conformément aux dispositions des lois pénales.

En pareil cas, la chose (ou sa valeur) est attribuée à la caisse de l'église. Il en est de même si l'inventeur ne réclame pas la chose ou si le propriétaire renonce à ses droits.

Le droit à une récompense au profit de l'inventeur est reconnu à peu près partout, non seulement dans les pays régis par la législation allemande, mais aussi dans ceux où l'on suit d'autres législations; le projet de Code civil allemand l'admet (v. motifs, III, p. 381). En général, ce droit est fixé à tant pour cent de la valeur de l'objet trouvé. Le Landrecht prussien, § 62, I, 9 et le Code autrichien, § 391, tout en reconnaissant à l'inventeur le droit à une récompense, semblent bien espérer qu'il sera assez délicat pour ne pas la réclamer; ils disent, en effet, que le propriétaire payera à l'inventeur une récompense, *si celui-ci la réclame;* n'est-ce pas donner à entendre que le législateur ne souhaite pas qu'on use du droit qu'il établit? Le Code monténégrin est allé plus loin. Il n'a pas admis qu'il y eût de droit à une récompense au profit de l'inventeur. Il y a quelque chose de chevaleresque dans le caractère des Monténégrins. Ce serait leur faire injure que de leur offrir une récompense. Les préoccupations intéressées, dont nous ne savons pas nous défaire et qui sont comme la plaie de notre civilisation, n'ont pas encore pénétré dans le Monténégro. Le nouveau législateur n'a pas voulu les y introduire.

Les règles sur les choses perdues que nous venons d'exposer sont de tout point excellentes. Et cependant que de questions difficiles et d'une grande importance pratique cette matière ne soulève-t-elle pas! La législation nouvelle est si nette et si simple qu'elle ne laisse place, semble-t-il, à aucune question discutée.

Il n'y a qu'une chose qui nous ait surpris, c'est la longueur des dé-

(1) [Comp. E. Lehr, *Droit civil russe*, p. 238.]

lais établis dans cette législation. Nous aurions supposé que, pour un pays comme le Monténégro, et avec la publicité qui y est donnée en pareil cas, l'abréviation des délais n'aurait causé aucun préjudice au propriétaire.

39. III. Le nouveau Code présente deux remarquables restrictions à la libre transmission de la propriété.

1° En cas d'aliénation d'un fonds de terre, la loi reconnaît aux parents et aux voisins un droit de préemption. Ce droit existait déjà, comme nous l'avons remarqué, dans la législation antérieure (v. ci-dessus, n° 4, les 33 articles) (1). En conséquence, celui qui veut vendre un fonds de terre doit commencer par l'offrir devant témoins à ses parents et à ses voisins.

La loi de 1855 donnait déjà des prescriptions détaillées à ce sujet, § 45 :

Tout habitant du Monténégro qui, à partir de ce jour, voudra vendre sa maison, ses terres, sa forêt ou tout autre bien immobilier, devra commencer par l'offrir à ses parents en présence de témoins; si ses parents ne peuvent ou ne veulent l'acheter, il l'offrira à son voisin; si celui-ci ne peut ou ne veut l'acheter, il aura le droit de le vendre à un quelconque des habitants de son village ou à une personne de sa tribu; mais il sera tenu de rédiger un acte devant trois témoins pour constater qu'il a offert de le vendre à ses parents et à ses voisins et que ceux-ci n'ont pas pu ou n'ont pas voulu l'acheter. Le rédacteur de l'acte doit indiquer au bas de celui-ci son nom de baptême et son nom de famille; il doit y faire figurer le jour et le mois de l'année, pour que l'on sache bien quand, où, et devant quels témoins l'acte a été dressé; il doit donner les noms de baptême et les noms de famille des témoins, déclarer à quelle tribu ils appartiennent et s'ils ont signé l'acte de leur propre main ou s'ils y ont apposé une croix; il certifie enfin que la vente a eu lieu conformément à la loi et que le prix de vente a été intégralement payé. En l'absence de ces conditions, le contrat est nul.

Les prescriptions contenues dans le § 45 ne devaient pas avoir d'effet rétroactif (2e alinéa).

Le § 46 constate qu'il s'agit là d'un droit de préemption, dans le sens technique du mot, car si les parents et les voisins veulent user de leur droit, ils doivent acheter l'immeuble pour le prix qu'en offrent les tiers.

Le nouveau Code civil traite de ce droit de préemption avec plus de détails et d'une manière bien plus approfondie (art. 48 à 62).

(1) [Comp. Dareste, *Le nouveau Code civil de Monténégro*, p. 4. — Voy. aussi E. Lehr, *Eléments de droit civil russe*, p. 490 (retrait d'après la loi russe).]

L'article 48 commence par constater « que le droit de préemption en usage de toute antiquité entre les hommes de la race, c'est-à-dire entre les membres du *Brastvo*, les voisins dont les terres sont limitrophes, les membres du village et ceux du *Pleme*, demeure en vigueur pour l'avenir. »

Il ajoute qu'en conséquence, « quiconque veut vendre un fonds de terre ou tout autre chose immobilière, est tenu... de l'offrir d'abord selon les formes usitées en pareil cas et dans l'ordre légal, à tous ceux qui ont le droit de préemption, afin de bien établir qu'aucun d'eux n'est disposé à l'acheter au prix présenté par des tiers.

» Le propriétaire ne peut vendre son bien à des personnes qui sont à un rang inférieur pour l'exercice du droit de préemption qu'autant que celles qui les précèdent ne veulent pas en user, soit qu'elles ne veuillent pas acheter au prix proposé, soit qu'elles rejettent les conditions mises à la vente. Si aucun de ceux qui ont le droit de préemption ne veut se rendre acquéreur, le propriétaire est autorisé à vendre son bien à tout Monténégrin étranger au *Pleme*. »

Le droit de préemption est perdu pour tout Monténégrin qui a quitté son pays et s'est établi à l'étranger sans esprit de retour (*dauernd*). (article 52). En droit monténégrin comme d'après les coutumes des anciens Germains, il y a une étroite corrélation entre les droits et les devoirs de chaque individu. Celui qui quitte son pays ne remplit plus ses devoirs envers celui-ci; il est juste qu'il perde les droits spéciaux que la loi accorde aux habitants du Monténégro.

L'article 49, § 1, donne la liste, par ordre de préférence, de ceux qui ont le droit de préemption.

1° Membres du *Brastvo* pris dans les six premières lignes de parenté;

2° Voisins dont les terres sont limitrophes;

3° Les autres membres du village;

4° Les autres membres du *Pleme*.

La femme qui est à la tête d'une maison a les mêmes droits que les hommes dont elle a pris la place; ainsi la veuve a les droits qu'aurait eus son mari, s'il avait été en vie (art. 51).

Parmi les membres du *Brastvo*, on préfère le plus proche parent du vendeur. A égal degré, on préfère celui des parents dont les terres joignent le fonds qui est à vendre.

Parmi les voisins, la préférence est accordée à celui qui habite dans le même village que le vendeur.

Il n'y a aucun ordre de préférence entre les membres du village ou du *Pleme* qui n'appartiennent pas aux six premières lignes de parenté.

Article 50. — Si plusieurs des ayants droit veulent exercer le droit de préemption, ils peuvent, s'il leur plaît, acheter le fonds en commun et devenir copropriétaires.

S'ils ne le veulent pas et si aucun d'eux n'offre un prix supérieur à celui qu'en donnent les autres, le vendeur attribue le fonds à celui d'entre eux qu'il lui plaît.

Article 53. — Celui des ayants droit qui se porte acquéreur, doit déclarer devant témoins qu'il est disposé à acheter le fonds en question au prix offert par les tiers et aux mêmes conditions que ceux-ci mettaient à la vente. C'est ce qu'on appelle l'attestation. Cette formalité se rencontre dans le droit musulman, à propos du *schaffa* (1).

En même temps, l'acquéreur s'entend avec le vendeur pour fixer le jour de la passation de l'acte.

S'il ne se présente pas au jour fixé, s'il ne paye pas le prix ou ne donne pas les sûretés requises, il perd son droit de préemption.

Les articles 54 et 55 traitent du cas où le bien est vendu aux enchères publiques par devant le tribunal. En pareil cas, un délai d'un mois doit s'écouler entre les publications qui sont requises et la vente. Les publications doivent se faire dans tout le *Pleme*. On y indique le jour et le lieu où l'on doit procéder aux enchères et on invite tous ceux qui ont le droit de préemption à y assister.

Celui qui ne se présente qu'après la clôture des enchères ne peut pas exercer son droit de préemption.

Tout Monténégrin peut participer aux enchères. Le plus offrant et dernier enchérisseur n'acquiert pas de suite la propriété du bien. Le tribunal ne se prononce sur la validité de ses offres que lorsqu'il s'est écoulé un délai de six heures depuis la clôture des enchères.

Si, durant ce délai, un de ceux qui ont le droit de préemption, se présente et apporte le montant de la somme offerte par le dernier enchérisseur, le bien lui est adjugé, à supposer que le dernier enchérisseur ne le précède pas dans la liste de ceux qui ont le droit de préemption.

Si personne ne se présente dans les six heures, le fonds est adjugé au plus offrant. Lorsque toutes les prescriptions de la loi ont été accomplies, celui-ci ne peut pas être inquiété par les personnes ayant le droit de préemption.

L'article 56 permet à toute personne jouissant du droit de préemption, d'attaquer la vente, si l'on ne s'est pas conformé aux prescriptions des articles 48 à 55. Il n'y met qu'une condition, c'est que le non accomplissement des formalités légales l'ait empêché d'exercer son droit.

Aussitôt que ce point est démontré, le tribunal peut l'autoriser à

(1) Voy. Kohler, *Ztschr. für vergl. R.-wiss.*, VI, p. 276.

offrir à l'acheteur le prix que celui-ci a lui-même offert ou payé; la propriété lui est alors transmise en vertu d'une homologation judiciaire.

Lorsque l'inobservation des prescriptions légales a donné lieu à une augmentation de frais, ces frais sont à la charge de celle des parties qui est en faute.

Les articles 57 et 58 déclarent que le droit de préemption ne peut pas s'exercer en matière d'échange (1) et en matière de donation. A propos de l'échange, nous avons déjà remarqué (art. 57, al. 2) que ce contrat se forme même dans le cas où l'une des parties donne une soulte en argent, à supposer que cette soulte n'excède pas la valeur du fonds avec lequel elle est donnée.

L'article 59 s'occupe du dol dans la vente.

La vente d'un fonds peut être déclarée nulle, sur la demande d'un de ceux qui jouissent du droit de préemption, si le vendeur indique frauduleusement un prix supérieur à celui qui est offert par les tiers, dans le but de mettre obstacle à l'exercice du droit de préemption ou tout au moins, d'en rendre l'exercice plus difficile. Il en est de même si en cas d'échange, on présente une chose au lieu d'une autre comme faisant l'objet du contrat et si l'on déguise une donation sous l'apparence d'une vente.

Dans tous ces cas, ceux qui ont le droit de préemption peuvent se rendre acquéreurs du bien moyennant le prix qui a été convenu en réalité. L'auteur de la fraude est, en outre, tenu à la réparation du dommage.

Article 60. — L'action de ceux qui jouissent du droit de préemption (aussi bien celle qui tend à l'annulation du contrat que celle qui a pour objet la réparation du dommage causé) s'éteint lorsqu'il s'est écoulé une semaine depuis le jour où l'intéressé a eu connaissance de l'atteinte portée à son droit. Un mois après l'homologation judiciaire de la vente, toute action est définitivement perdue, même si les intéressés n'ont pas eu connaissance du tort qui leur a été fait.

La brièveté de ces délais peut nous surprendre. Il est probable cependant qu'elle s'explique par des considérations d'utilité pratique. D'ailleurs, dans un pays de peu d'étendue comme le Monténégro, une telle publicité se fait autour des actes juridiques que le droit de préemption des parents et des voisins ne risque guère d'être compromis.

Les dispositions de l'article 56 nous permettent de nous rendre compte de la nature de ce droit de préemption. C'est un *jus in rem scriptum*, comme le *schaffa* du droit musulman, d'après la doctrine

(1) Il en est autrement, d'après le droit musulman, à propos du *schaffa*. Voy. Kohler, *op. cit.*, p. 274.

hanéfite (1). Les ayants droit peuvent agir contre tout tiers acquéreur et obtenir le transfert de la propriété par la voie de l'homologation judiciaire.

Il est question dans les articles 61 et 6 des droits des personnes étrangères au village et au *Pleme*, lorsqu'elles acquièrent un bien.

Un droit légal de préemption est enfin reconnu aux copropriétaires (art. 107). S'ils veulent continuer à rester dans l'indivision, ce droit leur appartient à tous en commun.

40. 2° Une restriction bien remarquable à la libre transmission des biens se trouve dans les articles 63, 64. Aux termes de ces articles, aucun étranger ne peut, en principe, acquérir un fonds de terre au Monténégro.

Article 63. — L'antique loi du Monténégro sur la propriété foncière, suivant laquelle il n'y a que des Monténégrins qui puissent être propriétaires des fonds de terre situés dans le Monténégro, est maintenue pour l'avenir et reste en pleine vigueur. Tout acte fait en violation de cette règle est nul, inexistant et complètement dénué d'efficacité.

Il n'y a d'exception à ce principe que dans un cas prévu par l'article 64 : le chef de l'Etat peut faire présent d'un fonds de terre à un étranger. En pareille hypothèse, on s'en tient aux dispositions que le prince juge bon de prendre.

On a critiqué la règle de l'article 63 dans un journal hongrois. Le *Journal de Saint-Pétersbourg*, — organe en cela de l'auteur du Code, — a répondu à ces critiques en faisant remarquer que l'acquisition de la propriété foncière est soumise à bien des restrictions pour les Monténégrins eux-mêmes. Il n'y a rien de surprenant dès lors à ce que les étrangers ne puissent pas l'acquérir du tout.

A tous les autres points de vue, d'ailleurs, les étrangers sont bien traités. Ils jouissent des mêmes droits civils que les nationaux. En somme, si l'étranger n'a pas exactement tous les droits qui appartiennent aux nationaux, sa situation est la même au fond ; il en était ainsi dans le droit allemand (2).

41. IV. *Des arbres qui avancent sur le fonds du voisin* (art. 111). Si les branches d'un arbre avancent sur le fonds du voisin, celui-ci peut demander que ces branches soient coupées; le propriétaire de l'arbre doit les couper dans la semaine; s'il ne le fait pas, le tribunal peut autoriser le voisin à les faire couper aux frais du propriétaire négligent. Cependant ceci ne s'applique pas aux oliviers.

Si le voisin ne demande pas que les branches soient coupées, il a le droit de prendre les fruits qu'elles produisent. Cette règle souffre

(1) Kohler, *op. cit.*, p. 274.

(2) Platner, *Histor. Entwickel. d. deutsch. Rechts*, I, p. 155.

encore une exception : s'il s'agit d'oliviers, le propriétaire de l'arbre peut en cueillir et en ramasser les fruits, non seulement comme en droit romain, *tertio quoque die*, mais comme et quand il veut (art. 112) (1).

Le projet de Code civil allemand (§ 861) est à peu près d'accord avec les principes que nous venons de poser. Je regarde de pareilles prescriptions comme assez dangereuses (2), au moins pour l'Allemagne. Quant au Monténégro, il se peut qu'elles n'offrent aucun danger dans ce pays et qu'elles aient, au contraire, un caractère très pratique. A mon avis, on devrait faire application en droit allemand du point de vue indiqué dans le § 863 du projet : le tribunal apprécie; quand il décide que les branches qui avancent sur le fonds du voisin ne seront pas coupées, le propriétaire de l'arbre est tenu de payer au voisin une rente annuelle en argent.

L'article 112 est, à mon sens, mieux conçu que les dispositions correspondantes du droit romain; il est clair qu'il met un terme aux entreprises de la chicane (art. 1000).

L'article 114 me paraît excellent : le voisin peut couper les racines des arbres qui avancent sur son héritage, si celui-ci est cultivé et si les racines lui nuisent; dans le cas contraire, il n'en a pas le droit. Ceci rappelle les dispositions du Code de Zurich (art. 589); mais le législateur du Monténégro a restreint plus encore que celui de Zurich les droits du voisin. Une règle conçue dans ce sens serait préférable à celle que pose le § 861 du projet allemand (3).

42. V. *Des irrigations*. — Les articles 122 à 132 qui réglementent les irrigations des fonds de terre à l'aide des cours d'eau qui les traversent, ont emprunté au droit coutumier en vigueur des dispositions fort originales. Bornons-nous à signaler ici celle qui est contenue dans l'article 124 :

La règle en matière de prise d'eau est la suivante : plus un fonds de terre est rapproché du cours d'eau et plus il a de droits à l'irrigation. En conséquence, le fonds de terre qui joint immédiatement un cours d'eau, est le premier à jouir du bénéfice de l'irrigation; après celui-là, vient le fonds limitrophe, puis les autres fonds, les uns à la suite des autres, jusqu'à ce que le fonds irrigué en premier lieu soit desséché. A ce moment, on doit recommencer à faire arriver l'eau sur le fonds qui a été irrigué en premier lieu, et ainsi de suite, même

(1) [Comp. Dareste, *Etudes*, p. 188, ancien droit polonais. — E. Lehr, *Eléments de droit civil russe*, p. 302 et suiv.]

(2) Dans le même sens, Hartmann, *Archiv. für civilist. Praxis*, 73, p. 345.

(3) Voy. Hartmann, *loc. cit.*

dans le cas où le manque d'eau empêche d'irriguer les fonds les plus éloignés.

L'éloignement des fonds de terre du cours d'eau se calcule en prenant pour point de départ non pas le lit du cours d'eau, mais la source; pour les rivières ou les fleuves, on part de la prise d'eau.

43. VI. *Tour d'échelle.* — La servitude dite du *tour d'échelle* existait dans l'ancien droit allemand; mais les Codes récents et le projet de Code civil (1) l'ont supprimée. Le législateur du Monténégro a jugé utile de la reconnaître et d'apporter ainsi, suivant l'expression consacrée, une restriction légale au droit de propriété.

44. VII. Les articles 141 et 142 déclarent à propos des droits d'usage et de jouissance portant sur la chose d'autrui, qu'on doit les exercer avec une certaine modération (*civiliter uti*).

45. VIII. *Actions par lesquelles on fait valoir son droit de propriété.* — Le droit monténégrin distinguait jusqu'ici, comme l'ancien droit allemand, entre le cas de dessaisissement volontaire et le cas de dessaisissement involontaire de la part du propriétaire d'une chose. Si la chose avait été confiée à quelqu'un qui en avait disposé au préjudice du propriétaire, on appliquait le principe : où tu as laissé ta foi, tu dois aller la chercher. Dans le cas contraire, si la chose avait été enlevée au propriétaire, il y avait lieu à ce qu'on appelait le *Svod*; on désignait par là une action qui ressemblait au fond à l'action allemande d'*Anefang*; le possesseur était tenu de désigner son auteur comme dans deux cas de *Publiciana in rem actio* admis par le Landrecht prussien (§ 184, I, 7 et § 34, I, 15) (2).

Le nouveau Code s'est écarté sur ce point de l'ancien droit. Il ne distingue plus entre le dessaisissement volontaire et le dessaisissement involontaire de la chose; il admet les deux actions du droit romain : la *rei vindicatio* et la *publiciana in rem actio*; le *Svod* a disparu ; il ne reste de traces de cette vieille institution que dans un seul cas.

Ce cas unique est prévu par l'article 101 : lorsqu'un cheval, un bœuf ou tout autre objet d'une valeur de plus de 25 francs, donne lieu à un litige, le possesseur actuel doit faire connaître celui de qui il tient l'objet.

D'une manière générale, le défendeur, — même si c'est un possesseur de bonne foi, — ne peut pas réclamer de dédommagement pour les dépenses qu'il a faites (art 99). D'après l'article 101, cette règle souffre exception dans le cas où le possesseur de bonne foi a acheté la chose publiquement sur la place du marché, dans un magasin ou aux enchères. Dans ces cas, l'acheteur ne devient pas propriétaire, comme

(1) *Motifs*, III, p. 261.
(2) < E. Lehr, *Droit civil russe*, p. 270 et suiv. >

le décide le Code de commerce allemand, article 306; il acquiert seulement le droit au remboursement de ses dépenses.

La Publicienne est l'action donnée au possesseur qui a les droits les mieux fondés à la possession (art. 102).

46. IX. *Régime hypothécaire.* — En cette matière, il y a trois points à distinguer : 1) gage ; 2) antichrèse; 3) hypothèque.

Les anciennes coutumes du Monténégro ne connaissaient que le droit de gage aussi bien pour les immeubles que pour les meubles. Rien de plus naturel! Toutes les affaires se traitaient alors au comptant; le crédit dans le sens que nous donnons aujourd'hui à ce mot n'existait pour ainsi dire pas. C'était un état économique qui rappelait celui de l'ancienne Rome ou même celui de l'Allemagne d'autrefois. Cette dernière observation n'est point cependant à l'abri de toute contestation. Heusler, dans ses *Institutions du droit privé allemand*, t. II, p. 131, s'est élevé contre la doctrine communément admise. D'après ce savant, le principe qu'on dit de droit nouveau : gage sans possession, est aussi ancien que le principe du droit primitif : gage avec possession. Je doute fort que cette assertion soit exacte. Mais quoi que l'on puisse penser à cet égard, il est à remarquer qu'Heusler lui-même fait une concession à l'opinion qu'il combat; il reconnaît qu'en fait, du moins, l'ancien principe était la forme normale du gage : « tel était l'état économique et la difficulté des transactions que le créancier... ne manquait pas d'exiger cette garantie capitale... *Beati possidentes* (*op. cit.*, p. 135). »

Le créancier gagiste avait le droit de se servir de la chose donnée en gage, qu'elle fut mobilière ou immobilière. Le gage offrait donc toujours les caractères de l'antichrèse.

Quel est au juste l'objet du gage? Il s'élève aujourd'hui sur ce point, entre les historiens du droit, une controverse, qui est, d'ailleurs, entièrement étrangère aux Monténégrins. Les uns, comme von Meibom, Franken et Sohm, prétendent que ce n'était pas la chose elle-même qu'on regardait comme engagée, mais la jouissance de la chose. D'autres et en particulier Heusler, (*op. cit.*, p. 135), sont d'avis que c'était la chose elle-même qui était l'objet du gage.

L'hypothèque n'était pas reconnue par la législation monténégrine avant le nouveau Code. — Tout au plus peut-on dire qu'il y avait un cas qui rappelait de loin l'hypothèque. Le propriétaire pouvait s'engager devant témoins envers son créancier, à ne pas aliéner un certain fonds de terre, afin de le laisser soumis à l'action de ce créancier. Ceci a quelque ressemblance avec l'hypothèque russe. D'après la législation russe, le fonctionnaire hypothécaire (c'est-à-dire le notaire principal), après la passation du contrat constitutif d'hypothèque, rédige une défense d'aliéner le fonds hypothéqué et la fait publier.

Cette publication donne un effet général à la prohibition d'aliéner. Si le débiteur aliène la chose engagée, quoiqu'il y ait eu une constitution d'hypothèque valable, le tiers acquéreur doit donner satisfaction au créancier hypothécaire à raison de la chose qu'il a acquise (1). C'est ce que M. Bogišić nomme fort justement un système prohibitif.

L'auteur du nouveau Code civil n'a pas pris pour point de départ le cas unique dont nous venons de parler; il n'a pas adopté le système hypothécaire quelque peu imparfait de la législation russe. Il n'a pas admis davantage le régime hypothécaire français encore en vigueur dans le voisinage du Monténégro, à Raguse, au moment de l'élaboration du Code. Il a combiné le système français et le système prussien. Au lieu des livres fonciers de la législation prussienne, il a prescrit la tenue de registres hypothécaires. Mais la plupart des règles de fond sont conformes à celles de la législation prussienne.

47. A. *Gage*. — A propos du gage nous relèverons deux dispositions intéressantes.

1) La règle du droit antérieur d'après laquelle tout créancier gagiste a le droit, sans convention, par le seul effet de la loi, de se servir de la chose donnée en gage, a été abolie en général, mais maintenue à propos des armes. On a cru que l'intérêt de la défense nationale exigeait cette exception au droit commun.

2) Selon le droit antérieur, le créancier gagiste supportait les risques de la perte de la chose engagée, même en matière immobilière. Cette disposition singulière, inspirée peut-être par l'idée connue : *quem sequuntur commoda*, *eumdem sequi debent incommoda*, n'a été maintenue dans le nouveau Code civil que pour les armes (art. 176).

48. B. *Hypothèques* (art. 193-221).

1° Les biens fonds sont seuls susceptibles d'hypothèques (art. 193).

2° Le registre hypothécaire est tenu par le juge du lieu où le bien est situé (art. 194).

3° Le Code adopte la règle de la spécialité de l'hypothèque et l'applique d'une manière absolue. Il n'admet pas d'hypothèque légale et surtout pas d'hypothèque générale (art. 196).

4° L'inscription de l'hypothèque n'a lieu que si le propriétaire du fonds hypothéqué y consent formellement ou est condamné à la subir (art. 196, 198). On a donc admis le système dit du *consentement*, comme dans la législation prussienne. La loi n'apporte que deux exceptions à ce principe :

a) Les autorités chargées de la tutelle des mineurs peuvent demander l'inscription d'une hypothèque appartenant au mineur, sans autre formalité (art. 197).

(1) Comp. Leuthold, *Russische Rechtskunde*, p. 148.

b) Lorsqu'un fonds de terre est l'objet d'une aliénation volontaire, la propriété passe à l'acquéreur, comme nous l'avons dit plus haut, par l'effet de l'homologation judiciaire, même si le prix n'est pas payé. Mais dans ce cas le vendeur a le droit de faire inscrire sa créance sur le livre hypothécaire sans le consentement de l'acquéreur. Le tribunal doit informer le vendeur de l'existence de ce droit à son profit, s'il le juge convenable (art. 34, 198). Cette hypothèque au profit du vendeur rappelle un droit du même genre qui résulte du § 26 de la loi prussienne du 5 mai 1872 sur l'acquisition de la propriété et les charges réelles portant sur les biens fonds. D'après cette loi, le vendeur qui retient la propriété pour sûreté du payement de sa créance, n'a que le droit de faire inscrire une hypothèque sur le fonds qu'il a vendu jusqu'à concurrence du prix de vente. L'article 198 du nouveau Code civil du Monténégro va plus loin. Le droit qu'il accorde n'existe pas seulement dans le cas où le vendeur s'est réservé la propriété de la chose vendue. Le titre qu'il concède au vendeur ne se réalise pas conformément au *principe du consentement*, comme il faut l'admettre d'après la législation prussienne malgré le dissentiment de Dernburg (1). D'après le droit monténégrin le vendeur est pleinement autorisé à faire inscrire son hypothèque, que l'acquéreur y consente ou non.

5° Les hypothèques à titre de garantie, c'est-à-dire les hypothèques prises pour garantir l'exécution d'un droit dont l'existence ou la quotité sont incertaines, ne peuvent être inscrites, d'après l'article 201 du nouveau Code comme d'après le § 24 de la loi prussienne du 5 mai 1872, que si l'on indique le chiffre maximum auquel peut s'élever la créance.

6° L'inscription d'une hypothèque ne peut avoir lieu que sur l'ordre du juge. Celui-ci doit s'assurer que toutes les conditions prescrites par la loi pour la validité de l'hypothèque sont remplies (*Principe de légalité*, art. 202). On a donc essayé ici de combiner le système hypothécaire prussien et le système du Code civil français.

7° L'hypothèque n'est acquise qu'en vertu de l'inscription. Les créanciers sont rangés suivant l'ordre dans lequel les demandes d'inscriptions ont été déposées par eux (art. 203). Cette disposition est-elle pratique? On peut en douter.

8° L'hypothèque porte, à moins de convention contraire, sur le fonds et sur tous ses accessoires, même sur les constructions qui ont été faites après coup sur le fonds (art. 205). *Pignoris causa est indivisa* (art. 205, al. 2).

(1) *Preuss. Privatrecht.*, I, § 319.

9° Le bien hypothéqué garantit le payement du capital de deux années d'intérêts et des intérêts de l'année courante (art. 206).

10° Si le propriétaire détériore le fonds sans le consentement du créancier, le créancier a l'action dite de *dévastation*. L'article 208, analogue en cela au § 50 de la loi prussienne du 5 mai 1872, lui permet de s'adresser aux tribunaux pour obtenir le maintien du *statu quo* et le payement de ce qui lui est dû avant l'échéance du terme.

11° L'article 209 supprime toute *exceptio excussionis realis sive personalis* (bénéfice de discussion).

12° Le droit de vente appartient, d'après l'article 212, au créancier hypothécaire qui est placé au premier rang. Le nouveau Code civil est muet sur le point de savoir si les créanciers de rang inférieur ont également le droit de vendre le bien hypothéqué. A défaut de ce droit, la seule ressource qui leur reste est l'exercice du *jus offerendi* (art. 213). Ce serait là une fâcheuse situation et le législateur aurait sans doute mieux fait de chercher à l'empêcher de se produire.

13° Le pacte commissoire en matière d'hypothèque est nul en vertu de l'article 214, § 2. On sait qu'il en était de même à Rome. La législation prussienne et la plupart des législations modernes ont aussi adopté cette règle.

14° La transmission du droit hypothécaire en cas d'aliénation volontaire du fonds grevé ne se produit, à l'égard du nouvel acquéreur, qu'en vertu d'une inscription; or celle-ci n'est possible elle-même que sur le fondement d'une ordonnance rendue par le juge après examen de la régularité de l'acte (art. 215). La loi prussienne de 1872, § 54, a posé la règle contraire.

15° L'extinction de l'hypothèque résulte d'une ordonnance judiciaire (art. 219); mais celle-ci n'est rendue qu'après que l'ayant droit a approuvé l'extinction en la forme prescrite par la loi. Si le créancier ne veut pas consentir à ce que l'hypothèque soit effacée, après que sa créance a disparu, le propriétaire a le droit de s'adresser à la justice. La sentence qui condamne le créancier équivaut à une autorisation formelle par lui donnée.

16° Les registres hypothécaires sont publics (art. 221). Tout intéressé peut en prendre connaissance gratuitement. On doit prouver qu'on a intérêt; mais cet intérêt est présumé toutes les fois que le nom du réclamant figure dans l'inscription.

La coexistence de l'hypothèque et de l'antichrèse peut donner lieu à des difficultés que le législateur monténégrin a cherché à prévenir par des dispositions précises et détaillées.

Les règles dont l'ensemble constitue le régime hypothécaire, sont nettes et écrites dans un style très concis. Le législateur a évité avec soin de tomber dans la casuistique. Il s'est ainsi conformé à la règle qu'il s'était imposée : mettre d'accord le droit et la coutume non seulement dans l'ensemble, mais dans les détails. S'il avait fait œuvre de casuiste dans la construction d'une théorie tout à fait nouvelle, il aurait manqué son but.

Le règlement sur les formalités en matière hypothécaire n'a pas encore paru. Les articles 193 à 221 n'entreront en vigueur, d'après le décret de promulgation, article II, qu'après que ce règlement aura été fait.

CHAPITRE VII.

LES CONTRATS.

49. I. La troisième partie du nouveau Code est consacrée à la vente et aux autres principales espèces de conventions (art. 222 à 493).

Les dispositions relatives à la vente, à l'échange, au prêt, au commodat, au louage, au louage d'industrie, au dépôt, au mandat, à la société dans les cas usuels, au cautionnement, à la transaction, à la donation, sont empruntées en général au droit romain. Il ne pouvait guère en être autrement pour des théories qui ont, en quelque sorte, un caractère cosmopolite. Il va sans dire qu'on a fait usage, dans l'élaboration de cette partie, des codes les plus récents, en se conformant aux principes exposés plus haut (n° 25).

Les articles sont disposés à peu près dans le même ordre que dans le code Napoléon; cependant l'ordre suivi est plus rigoureusement logique. Dans cette partie on procède comme dans les précédentes, en allant du connu à l'inconnu.

Nous nous contenterons de signaler les dispositions les plus remarquables de cette partie du Code.

50. L'article 254 admet, en matière de vente, l'existence d'un droit de retrait conventionnel. Ce droit peut être établi, mais seulement par un acte écrit, pour un laps de cinquante ans. En cas de revente, l'acheteur est tenu de prévenir le vendeur et celui-ci doit user de son droit dans les deux jours, s'il s'agit de meubles, dans une semaine, s'il s'agit d'immeubles; faute de se présenter dans ce délai il perd son droit. Le droit de retrait conventionnel passe avant le droit légal de préemption.

51. Le taux légal de l'intérêt est fixé à 8 0/0 (art. 531). Il est défendu de stipuler des intérêts supérieurs à 10 0/0. L'anatocisme est prohibé.

Le taux de l'intérêt est très élevé, on le voit. On aurait voulu l'abaisser, mais on n'a pas pu faire abstraction des usages suivis jusqu'ici;

et dans la pratique, il n'est pas rare que l'intérêt s'élève à 20 0/0. Il a fallu tenir compte de cet état de choses dans la fixation du taux légal.

En cas d'usure, la stipulation d'intérêts est nulle pour ce qui excède le taux légal ; mais ce n'est pas tout; le créancier, à titre de peine, perd 20 0/0 du capital. On n'a pas eu besoin, vu la rareté des usuriers, d'édicter des dispositions plus sévères contre l'usure.

52. A propos du louage, il y a lieu de citer les articles 290, 291. Le Code suppose l'existence de la règle : vendage passe louage, dans le sens du droit romain. Cependant, en matière immobilière, le fermier conserve un droit opposable au nouvel acquéreur de la chose louée, pourvu que le contrat ait été rédigé par écrit et homologué en justice; ce droit n'existe pas seulement en cas de vente amiable, mais encore en cas de vente forcée. Le droit du locataire contre le nouvel acquéreur n'existe, s'il s'agit de meubles, qu'autant qu'au moment de l'acquisition, l'acquéreur a connu ou pu connaître l'existence de ce droit. On retrouve donc ici la théorie bien connue de Balde sur l'influence de la mauvaise foi; on sait que cette théorie est passée dans le droit commun allemand; elle a été consacrée par le Landrecht prussien en matière de meubles; mais le projet de Code civil allemand l'abandonne.

Le bail à ferme peut être établi moyennant le payement d'un prix en argent ou en retour de l'abandon d'une partie de la récolte (la moitié, un tiers).

53. Le contrat de dépôt est réglementé conformément au droit romain. Mais il y en a une espèce toute particulière, l'*amanet*. A raison des choses sur lesquelles il porte, du but poursuivi par les parties, cette espèce de dépôt suppose que l'une des parties a dans l'autre une confiance exceptionnelle. L'*amanet* rappelle la *fiducia* romaine, dont la vraie nature est encore, il est vrai, si discutée (1). On peut dire qu'il est au nombre des contrats dont la violation entraîne l'infamie.

L'article 390 prescrit d'apprécier dans ce cas les devoirs du dépositaire avec une extrême rigueur. Il est responsable de toute négligence. S'il emploie pour ses propres affaires l'argent qui lui est confié, non seulement il doit le restituer, mais il est tenu de payer des intérêts que le tribunal fixe, suivant les circonstances, à 10 ou à 20 0/0 et fait payer à dater du jour de la réception. Cette disposition offre une véritable analogie avec la règle du § 40 de la loi prussienne du 5 juillet 1875 sur la tutelle.

Quand on confie au dépositaire un secret relatif à la chose déposée,

(1) Voir Heck, *Zeitschr. f. Sav. Stift.*, X, p. 82 et suiv.

en cas d'*amanet*, il est tenu de ne pas le révéler, sous peine d'être rendu responsable de toutes les conséquences de sa faute.

L'article 882 décide que le dépôt nécessaire (en cas de guerre, d'inondation, etc.) sera traité comme l'*amanet*.

54. Les règles sur le jeu et le pari sont en harmonie avec les principes communément admis : le gagnant n'a pas d'action, le perdant ne peut répéter ce qu'il a payé.

Il y a quelques exceptions à ce principe. Le gagnant a une action pour le payement des dettes de jeu ou de pari, lorsqu'il s'agit de jeux ou de paris tenant à l'exercice du corps ou de l'esprit (par ex. courses, luttes, exercices des armes, de la fronde, jeux d'échecs). Il a également une action dans le cas où la somme d'argent qui sert de gageure a été déposée par les deux parties entre les mains du juge ou d'un tiers; c'est là une disposition analogue à celle du Landrecht prussien, § 579, I, 11. On suppose, bien entendu, qu'il n'y a dans le jeu ou le pari rien de contraire aux bonnes mœurs. Le juge a, en outre, le droit, si la somme lui paraît excessive, de refuser l'action en payement, parce que l'acte est contraire aux bonnes mœurs ou de réduire la somme pour cause d'excès. Ainsi l'article 182 du code suisse des obligations permet au juge de modifier les effets d'une clause pénale : il peut, dit cet article, modifier les peines qu'il trouverait excessives.

La répétition des sommes payées est accordée au perdant dans les cas suivants (art. 476) :

1) Quand le *solvens* est mineur;

2) Quand le perdant paye avec l'argent d'autrui et que l'*accipiens* le sait;

3) Quand il y a dol de la part de l'*accipiens*.

Cependant s'il y a eu immoralité des deux côtés, le bureau de bienfaisance du lieu a seul le droit d'exercer l'action en répétition contre le gagnant. Cette disposition rappelle les règles des §§ 172, 173, 205, 206, I, 16, du Landrecht prussien, quoiqu'elle n'ait pas été empruntée à cette source.

Lorsque le *solvens* est mineur et qu'il y a *turpitudo* chez les deux joueurs, il appartient au tribunal de décider si l'action en répétition doit être accordée au mineur ou au bureau de bienfaisance.

55. Le Code monténégrin ne traite pas toutes les donations de la même façon. Comme le droit romain, il les soumet à un régime différent suivant leur importance. Les donations supérieures à 500 francs (ou s'il s'agit de prestations périodiques, supérieures à 40 francs de rente par an) doivent être constatées par écrit et homologuées en justice, sous peine de nullité (art. 485).

Les donations sont révocables pour cause d'inexécution des charges, ou pour cause d'ingratitude, même si la donation est faite à titre rémunératoire. Elles peuvent être attaquées (art. 492) quand elles sont faites en fraude des créanciers. Dans ce dernier cas, l'action dirigée contre le donataire de bonne foi est limitée à l'enrichissement qui existe encore au jour où l'action est intentée. L'action en révocation de la donation pour cause d'ingratitude se prescrit par dix ans.

56. II. *Contrats spéciaux au droit monténégrin.* — 1° Du cheptel à moitié, du cheptel de fer et du bétail donné pour les travaux des champs.

Les articles 313 à 321 sont relatifs au cheptel à moitié. Le bailleur n'a droit qu'à la moitié de la laine et du croît. Outre sa part dans la laine et le croît, le preneur a droit au fumier et il peut faire travailler le bétail dans son intérêt (art. 313). Quant aux laitages, le preneur fournit au bailleur une redevance en fromage, en beurre ou en argent, conformément à l'usage des lieux.

Le preneur ne peut pas plus disposer du croît que du capital sans l'autorisation du bailleur.

Le bailleur a le droit de reprendre pendant l'automne quelques têtes de bétail, même contre le gré du preneur, à moins de convention contraire (art. 315).

Le preneur peut procéder à la tonte à l'époque convenable, sans aucune formalité ; il lui suffit de garder et de remettre la moitié de la laine au bailleur en se conformant aux usages (art. 316).

Quand un animal est dévoré par les loups ou périt de toute autre façon sans la faute du preneur, la peau appartient au bailleur, s'il s'agit d'un animal compris dans le cheptel ; dans le cas contraire, elle se partage par moitié. Le tout en supposant qu'il n'y ait pas de convention ou d'usage contraire (art. 317).

Le preneur doit nourrir le bétail qui lui est confié et apporter à sa garde les soins d'un bon père de famille. Il répond du dommage causé par lui-même ou par les personnes de sa famille ou de sa maison ; il ne répond des cas fortuits que s'il est en faute (art. 318).

Le bail cesse :

a) Lorsqu'il est fait pour une durée indéterminée, par l'effet d'un congé que les deux parties peuvent se donner, pourvu que ce ne soit pas à un moment inopportun, joint à l'expiration d'un délai de trois mois à partir du congé ;

b) Quand il est fait pour un certain délai, sur la demande du bailleur, et si le preneur ne remplit pas ses obligations d'une manière convenable (art. 319, 320).

A la dissolution du bail, le croît se partage par moitié entre les deux parties, le cheptel revient au bailleur (à moins de convention ou d'usage contraire) (art. 321).

Les articles 322 à 326 traitent du cheptel de fer. Les cas fortuits sont à la charge du fermier. A la fin du bail, celui-ci doit laisser un cheptel de valeur pareille à celui qu'il a reçu. Tous les profits appartiennent au fermier pendant la durée du bail. Le bailleur reçoit le fermage en beurre, fromage ou argent, suivant les conventions ou les usages.

A propos du bétail donné pour les travaux des champs, l'art. 327 décide ce qui suit : Celui qui emprunte le bœuf d'autrui pour l'employer aux travaux des champs, est tenu de le nourrir, et d'apporter à sa conservation les soins d'un bon père de famille. Quand la saison des travaux est terminée, il doit restituer l'animal. Le prix du louage est fixé par la convention des parties ou par l'usage des lieux.

D'après l'art. 328, les impôts sont pour moitié à la charge des deux parties dans le cheptel à moitié, pour le tout à la charge du preneur dans le cheptel de fer et pour le tout à la charge du bailleur dans le cas de bétail prêté pour les travaux des champs.

57. 2. Assistance mutuelle prêtée gratuitement ou à titre onéreux (Appendice à la *locatio-conductio operarum*). — On n'a pas eu besoin de donner une définition de ce contrat, parce qu'il est désigné sous les mêmes dénominations dans toutes les régions serbes et croates. L'aide à titre onéreux s'appelle *Pomoć*, l'aide à titre gratuit, *Moba*.

D'après l'article 341, celui qui reçoit un ou plusieurs travailleurs venus pour l'aider à charge de les aider à son tour en cas de besoin, doit les nourrir, pendant qu'ils travaillent chez lui, en se conformant aux usages; il est également tenu de nourrir leur bétail, s'ils ont amené des animaux pour le travail qu'il y a à faire.

On voit qu'il s'agit ici d'une institution d'un caractère tout à fait primitif (1).

L'aide à titre onéreux est réglementée dans les articles 342 à 347.

Celui à qui l'aide a été prêtée et qui refuse de rendre l'aide prêtée, quand il en est requis, peut être obligé de payer la valeur du travail qu'il aurait dû fournir; il est tenu, en outre, de réparer le dommage qu'il a causé. — Si le créancier ne peut pas utiliser lui-même le travail qu'on lui doit, le débiteur est libéré. Le créancier ne peut donc pas céder son droit à un tiers. Mais toute réclamation est interdite au débiteur s'il exécute volontairement le travail en faveur d'un tiers désigné par le créancier.

L'action contre celui à qui l'aide a été prêtée se prescrit par un an, à partir du jour où l'aide a été donnée.

(1) [Il y a quelque temps, des usages analogues étaient en vigueur dans le midi de la France.]

Sur l'aide à titre gratuit, on trouve les dispositions suivantes (art. 345 à 347).

Celui qui réunit une *moba* doit bien nourrir les travailleurs conformément à l'usage. Il n'a rien à leur payer pour leur main d'œuvre, et si dans la suite l'un d'entre eux réunit une autre *moba*, il n'est pas tenu d'y prendre part.

Celui qui, sans y avoir été invité, se présente pour travailler chez autrui et est accepté, doit être aussi bien traité que s'il avait reçu une invitation.

D'après l'art. 347, le village ou le *Brastvo* peuvent décider que ceux qui en font partie aideront dans leurs travaux une veuve, un pauvre, un malheureux. Les travailleurs ne reçoivent aucun dédommagement; ils n'ont même pas droit à la nourriture. On ne distingue pas suivant que le travail a été fait le dimanche ou un jour ouvrable; la même règle est appliquée dans tous les cas. L'assistance prêtée dans cette hypothèse est gratuite de la façon la plus absolue.

58. 3° *De la société.* — Outre la société ordinaire dont il est question au chapitre XIV, on trouve au Montenegro deux sortes d'associations très fréquemment usitées, la *Supona*, chap. XV, et la *Sprega*, chap. XVI.

a) La *Supona* (art. 892) est une association en vertu de laquelle plusieurs maisons mettent en commun leur bétail (en tout ou en partie), le divisent en plusieurs catégories (jeune bétail, brebis, chèvres, bœufs) et préposent à la garde de chacune d'elles un berger au moins; on se propose par là de faire mieux garder le bétail dans les pâturages incultes et d'employer le fumier dans l'intérêt de tous les associés.

Il n'y a que le fumier qui appartienne en commun à tous les associés. Le croît, le lait et tout le reste appartiennent en propre au maître de l'animal qui les produit (art. 442).

Le pâtre est nourri par celui des membres de la *Supona* qui l'a préposé à la garde du troupeau (art. 443).

Chaque membre de la *Supona* est tenu de fournir le sel nécessaire pour les têtes de bétail qui lui appartiennent. Il le remet au pâtre et celui-ci doit le donner aux animaux qui lui sont confiés au moment convenable. Si un associé est en retard pour la livraison de sa part de sel, la maison qui a préposé le pâtre à la garde du troupeau est tenue de fournir le sel nécessaire; l'associé retardataire est contraint d'en payer la valeur et il doit réparer le dommage qu'il a causé (art. 444).

Le fumier est partagé entre tous les membres de la *Supona* d'après les clauses du contrat d'association ou d'après l'usage.

Même règle pour les fruits produits par les champs qui ont reçu le fumier commun (art. 445).

Il y a également un mode de partage du fumier qui ressemble à celui qui est en usage dans les parcs allemands : le troupeau passe la nuit successivement dans les champs de chacun des membres de la *Supona*.

59. *b*) Dans le genre d'association qui porte le nom de *Sprega*, les propriétaires de bêtes de somme ou de trait, et en particulier de bœufs, les attellent ensemble pour travailler en commun les fonds de terre qui leur appartiennent ou pour tout autre travail analogue (art. 893).

Les art. 446 à 456 traitent de la *Sprega*. Ces textes ne contiennent, comme l'art. 446, § 2, que des dispositions qui n'ont rien d'impératif.

Dans le doute, on présume que tous les champs appartenant aux associés et de nature à être labourés dans l'année, doivent être travaillés à l'aide de leurs bœufs ainsi attelés ensemble.

L'ordre dans lequel les travaux doivent être faits sur les champs des divers associés, est fixé par eux d'un commun accord. En règle générale, on passe chaque jour au champ d'un nouveau propriétaire, jusqu'à ce que tous les travaux soient terminés.

Si un associé a fourni plus de bœufs que l'autre, la série de jours de travail à lui accorder est d'autant plus longue qu'il a fourni plus de bœufs; par exemple, celui qui n'a fourni qu'un bœuf n'a droit qu'à un jour de travail; celui qui en a fourni deux a droit à deux jours de suite, etc. (art. 448).

Lorsqu'on a travaillé sur les terres d'un associé plus que sur celles d'un autre, aucun dédommagement n'est dû par le premier à l'autre. La culture des prairies rentre en général dans le genre de travaux pour lequel la *Supona* est établie; mais on fait exception pour le défrichement.

L'entretien du bétail incombe à celui chez qui se font les travaux. Il doit apporter à leur conservation tous les soins d'un bon père de famille. S'il manque à ses devoirs, il doit réparer le dommage causé. Il est aussi responsable du préjudice causé par ses gens.

Les associés ne sont pas tenus en principe de travailler chez celui d'entre eux qui a les bœufs à son service. Une obligation de ce genre ne pourrait résulter que d'une convention expresse. Il peut y avoir lieu d'appliquer les dispositions relatives à l'assistance à titre onéreux ou à titre gratuit.

La perte fortuite d'un des animaux est à la charge du propriétaire. S'il veut continuer à faire partie de la Sprega, il doit fournir un autre animal. Exceptionnellement, pour des motifs d'équité, l'article 452 l'en dispense lorsque le cas fortuit s'est produit immédiatement avant le commencement des travaux ou dans le cours de ceux-ci, mais que l'associé est, malgré sa bonne volonté, hors d'état de se procurer un autre animal. Dans ce cas, les autres associés doivent aider celui-là à travailler son champ et, si cela est nécessaire, on remplace l'animal qui manque, pour le travail de la saison courante, aux frais de tous les associés.

Tant que dure la *Sprega*, les animaux qui travaillent ensemble ne doivent pas être employés dans l'intérêt d'un tiers sans l'autorisation de tous les associés. Tout associé qui enfreint cette règle doit réparer le dommage causé. En cas de récidive, ses coassociés peuvent demander son exclusion de la société.

Si la durée de la Sprega n'a pas été déterminée dans la convention qu'il a établie, chaque associé peut dénoncer la convention un mois au plus tard avant le commencement de la saison des travaux. A moins d'empêchements spéciaux, aucun membre de la Sprega ne peut se retirer avant que les travaux commencés ne soient achevés.

Si la société continue en fait après l'expiration du délai fixé pour sa durée; en droit, elle est soumise aux mêmes règles que précédemment.

L'article 456 permet de constituer des sociétés analogues pour d'autres travaux. En pareil cas on s'en tient aux usages, et on applique par analogie les règles de la *Sprega*.

CHAPITRE VIII.

OBLIGATIONS DIVERSES.

60. I. La quatrième partie est consacrée aux contrats en général et aux autres sources des obligations.

C'est le droit romain qui domine dans cette partie, car il s'agit, d'ordinaire, de questions d'un intérêt général et sur lesquelles la différence de nationalité a peu d'influence.

On a traité avec beaucoup de soin la matière des actes illicites et des obligations qui en découlent.

61. II. Dans cette partie nous croyons devoir signaler les dispositions suivantes.

1° Article 581. Si une personne en calomnie malicieusement une autre ou répand des bruits calomnieux sur son honneur, ses affaires, son caractère, son patrimoine, etc., et lui cause par là un préjudice, elle est tenue de réparer le dommage qu'elle lui a occasionné. — Celui qui donne des renseignements sur le compte d'autrui, de bonne foi et dans le but de sauvegarder des intérêts légitimes, n'encourt aucune responsabilité.

62. 2° Les observations présentées jusqu'ici sont de nature à nous montrer que la conception du droit chez les Slaves du sud se rapproche beaucoup de celle des Allemands. Abstraction faite des questions, qui sont, si l'on peut dire ainsi, nature cosmopolite, la législation monténégrine ressemble plus au droit germanique qu'au droit romain.

Il n'y a qu'un petit nombre de ses dispositions qui soient d'accord avec les règles propres et caractéristiques du droit romain. Ainsi, d'après l'article 583, le droit de saisir soi-même un gage (*Selbstpfändungsrecht*) n'est pas reconnu aux simples particuliers. Si un animal cause un dommage à un fonds, le propriétaire de ce fonds peut chasser l'animal, mais il ne lui est pas permis de le prendre. La saisie serait regardée comme une injure au maître de l'animal. Il y a un proverbe populaire qui dit : celui qui me respecte, respecte aussi mon chien. La règle posée par cet article 583 correspond, à ce qu'il semble, au principe de la l. 39, § 1, D., *ad leg.*, *Aq.* 9, 2 : *Qui pecus alienum agro suo deprehenderit non jure id includit, sed vel abigere debet sine damno vel admonere dominum ut suum recipiat.*

Le projet allemand est peu favorable au droit de saisie. Il ne l'a pas écarté, mais il ne l'a pas admis non plus. Il laisse aux législations des divers Etats le soin de se prononcer sur ce point (Motifs, I, p. 353, 354).

63. 3° L'article 586 est relatif à la pollicitation. Une promesse unilatérale faite pour le cas d'une prestation déterminée est obligatoire, si elle a été rendue publique. On ne part pas de l'idée du Landrecht prussien qu'il y a là un contrat sur certaines affaires. La promesse est considérée comme obligatoire abstraction faite de toute acceptation. — Mais il est à noter que le promettant peut retirer sa promesse tant que l'acte qui fait l'objet de la pollicitation n'est pas encore accompli.

Ces dispositions sont conformes aux idées courantes à l'heure qu'il est. La théorie selon laquelle la pollicitation ne serait obligatoire qu'autant qu'elle se transforme en contrat est inadmissible. Cela est si vrai que plusieurs jurisconsultes, par exemple Eccius dans ses notes sur le droit privé prussien de Fœrster, regarde la pollicitation comme obligatoire à titre de promesse unilatérale, au point de vue du Landrecht prussien; et cependant le Landrecht classe la pollicitation parmi les contrats à côté du contrat de fournitures et du contrat d'édition; dans le § 5, I, 5, il y est dit formellement que les vœux simples n'engendrent aucune obligation civile, à titre de promesses unilatérales.

Le projet de code civil allemand s'est placé au même point de vue. Suivant le § 582 de ce projet, la pollicitation peut être révoquée par son auteur tant que l'affaire n'est pas entièrement réalisée. La révocation doit être portée à la connaissance des tiers de la même façon que la pollicitation elle-même. On peut, en faisant la pollicitation, renoncer au droit de la révoquer. On présume qu'il y a eu une renonciation de ce genre, lorsqu'un certain délai a été fixé dans la pollicitation pour la réalisation de l'affaire. Si bonnes que soient de pareilles dispositions, elles renfermeraient certainement, pour le code monténégrin, une sorte de casuistique peu conforme aux règles énoncées ci-dessus.

4° L'article 600 n'accorde la *condictio ob turpem causam* à l'auteur d'une dation que si l'on n'a rien à lui reprocher. Lorsqu'il y a *turpitudo* des deux côtés, le bureau de bienfaisance a seul le droit de réclamer la restitution de la chose donnée (Cpr. § 205, 206, I, 16, du Landrecht prussien).

III. Cette partie se termine par des dispositions sur la prescription extinctive.

C'est une institution que le droit monténégrin ne possédait pas jusqu'ici, pas plus qu'il ne possédait l'usucapion (v. ci-dessus, n° 35). D'après un vieux proverbe, un créancier pouvait encore après cent ans réclamer ce qui lui était dû (1).

Le nouveau code civil décide qu'en principe toutes les actions se prescrivent par trente ans. Par exception, certaines sont soumises à des prescriptions d'une durée moindre (5, 4 et 2 ans).

L'action en réparation du dommage causé par un acte illicite se prescrit par un an à partir de l'expiration du jour où la victime a eu connaissance du dommage qui lui a été causé; qu'elle en ait connaissance ou non, il lui est interdit d'agir après l'expiration de dix ans à partir de l'acte; ajoutons pourtant que la prescription n'est que de vingt ans, lorsque l'agent est puni de plus de trois ans d'emprisonnement.

(1) Voy. Dareste, *op. cit.*, p. 12.

CHAPITRE IX.

DROIT DES PERSONNES.

65. La cinquième partie du code a trait au sujet du droit, à l'état et à la capacité des personnes.

I. La majorité est fixée à vingt et un ans accomplis, comme en Allemagne et en France. Lorsqu'un jeune homme a accompli sa dix-huitième année, le tribunal de tutelle peut le déclarer majeur; c'est là une solution qui se retrouve dans le droit prussien et qui est passée dans le projet de code civil allemand.

66. La capacité du mineur est réglée à peu près de la même façon qu'elle l'est en Prusse d'après la loi du 12 juillet 1875 et qu'elle va l'être en Allemagne, si le nouveau projet de code civil acquiert force de loi. Jusqu'à l'âge de sept ans accomplis le mineur est pleinement incapable.

A propos des libéralités faites à un enfant, le nouveau code civil contient une disposition fort remarquable. Plusieurs romanistes admettent, en se basant sur un texte très discuté, la l. 3 Cod., *de acq. vel ret. poss.* 7, 32, que l'enfant qui a reçu une libéralité acquiert la possession et par suite la propriété de l'objet donné sans le consentement de son représentant légal. C'est en s'inspirant de cette règle que le Landrecht prussien a déclaré que « si le gratifié ne peut pas exprimer sa volonté d'accepter la donation qui lui est faite, à cause de sa jeunesse, de son état maladif, de son inintelligence, un tiers quelconque peut l'accepter dans son intérêt. » — Le droit musulman décide plus simplement que l'enfant gratifié devient possesseur de la chose qui lui est donnée, s'il est capable de comprendre l'acte qu'il accomplit (1). Selon le projet de code civil allemand, § 123, tout tiers peut conclure un contrat pour autrui en qualité de gérant d'affaires, sans avoir reçu de mandat. Il lui est donc loisible d'accepter une donation faite à un enfant (2). Mais l'efficacité du contrat dépend de la ratification du représentant légal du mineur. L'auteur du code monténégrin a résolu la difficulté d'une manière aussi simple qu'ingénieuse, en présumant la ratification du représentant légal du mineur; la donation ne serait sans effets que si le représentant du mineur, instruit de la donation, n'en avait pas aussitôt formellement interdit l'acceptation.

67. Quand le mineur a plus de sept ans, on lui applique la règle romaine : *Alterum obligat, ipse non obligatur* (3). Il est donc capable d'acquérir des droits par ses actes personnels; mais il ne peut pas s'obliger. Il suit de là que les contrats bilatéraux, où il est partie, ne sont obligatoires que d'une manière relative. Selon le droit prussien et le projet de code civil allemand, le tiers qui est obligé peut se tirer de ce mauvais pas, en demandant au représentant légal du mineur de faire connaître ses intentions; si celui-ci garde le silence pendant quinze jours, il n'est plus lié. Le code monténégrin décide que le tribunal fixera un certain délai au représentant de mineur sur la demande de la partie qui est obligée; ce délai expiré, si le représentant du mineur n'a rien fait, l'autre partie est déliée de ses engagements (art. 505).

68. II. *Communauté de famille.* — Les dispositions les plus importantes de cette partie du code sont contenues dans le ch. VI (art. 686 à 708), qui traite de la *communauté de famille.*

Chez les Slaves du sud, la famille n'est pas organisée de la même façon dans les campagnes et dans les villes. La famille, dans les villes, est à peu près ce qu'elle est dans l'Europe occidentale; elle ne comprend que le père, la mère et les enfants; elle repose sur le système de la propriété individuelle. A la campagne, on entend par famille un groupe beaucoup plus étendu ; il y a des frères, des cousins, des parents éloignés avec leurs femmes et leurs enfants; les biens appartiennent, pour la plupart, en commun à tous ses membres. Chez les Serbo-Croates on trouve, dans les campagnes, non seulement cette forme de la famille avec la propriété collective, la *Zadruga* (4); il y a

(1) Kohler, *Stud. üb. islam. Recht.*, p. 76.

(2) *Motifs*, I, p. 130.

(3) Même règle dans le projet allemand.

(4) [Sur la *zadruga* serbe, voy. Dareste, *Etudes d'histoire du droit*, p. 241 : « les plus anciens textes où elle se trouve décrite sont les lois relatives à l'organisation des Confins militaires de l'Autriche. Cette organisation, créée au commencement du dix-huitième siècle, à l'instigation du prince Eugène, a duré, comme on sait, jusqu'à ces dernières années. Une loi fondamentale de l'an. 1807 la règle dans tous ses détails. Elle a été revisée en 1850. Le code civil serbe (1844) contient un chapitre sur la *zadruga* (art. 507-530). Les deux lois les plus récentes sont celles de 1870 et 1874 pour la Croatie. L'article 2 de cette dernière loi interdit, pour l'avenir, la création de toute nouvelle *zadruga*. Les anciennes sont maintenues, mais les partages sont facilités et encouragés. » Voir sur la constitution de la famille l'étude, citée dans la bibliographie, de

encore une forme semblable à la famille urbaine, l'*Inokosna* (adjectif), *Inokostina* (substantif).

Les jurisconsultes comme le législateur avaient jusqu'ici jugé l'Inokosna d'après les apparences ; on n'était pas loin de la considérer comme une famille urbaine établie à la campagne. Mais M. Bogisić a eu le mérite (1) de démontrer qu'au fond, en dépit de ces apparences de nature à tromper les observateurs superficiels, la forme Inokosna de la famille ne diffère en rien de la Zadruga. Elle constitue une personne morale comme celle-ci. La seule différence qu'il y ait entre elles, c'est que la Zadruga est une famille composée d'un grand nombre de travailleurs, la famille riche, tandis que l'Inokosna n'a qu'un petit nombre de membres; c'est la famille réduite à la pauvreté. Il y a un proverbe qui fait d'Inokostina le synonyme de misère.

Les dispositions du code monténégrin s'appliquent aussi bien à l'Inokosna qu'à la Zadruga.

69. A. Dès le premier article, le nouveau code qualifie la famille rurale de personne juridique; c'est à cet être moral qu'appartiennent tous les biens de la maison et le patrimoine commun (art. 686).

Le code ne s'occupe d'ailleurs que des relations extérieures de cette communauté de famille; quant à son organisation intérieure, il la laisse de côté, conformément aux idées que nous avons indiquées plus haut; on n'en parle que dans la mesure où cela est nécessaire pour comprendre les règles nouvelles. Au point de vue de cette organisation interne, la famille reste soumise au droit coutumier en vigueur jusqu'ici, en attendant qu'on ait rendu une loi spéciale dont la confection est prévue par l'article 687.

B. Le patrimoine de la famille comprend, d'après l'article 687, tous les biens que la famille possède et tout ce que ses membres acquièrent par leur travail.

70. C. Les membres de la famille ne peuvent avoir de bien propre (*osobina*) que dans quelques cas exceptionnels :

1) On considère comme bien propre tout objet reçu par un des membres de la famille (homme ou femme), en vertu d'une donation

M. Demelić d'après les travaux de Bogisić et les auteurs auxquels on renvoie. Selon M. Demelić, la *zadruga* comprenait, en moyenne, vingt-cinq membres. — Il faut comparer à cette organisation de la famille chez les Serbes et les Monténégrins le droit en vigueur chez les Russes; voir E. Lehr, *Droit civil russe*, n° 53 et n°s 221 et s. : « tous les membres de la famille vivaient ensemble, patriarcalement, sous la direction et l'autorité du chef de la maison..., qui était le plus souvent le grand-père... La maison, avec ses dépendances, formait la propriété collective du ménage.. L'association communale, le *mir*, était organisée de la même façon. »]

(1) Bogisić, *De la forme dite Inokosna*, etc., p. 24.

entre-vifs ou d'une disposition à cause de mort ; par conséquent, toutes les acquisitions à titre gratuit (à l'exception des choses trouvées, art. 968, § 3).

2) Il en est de même des objets composant le trousseau d'une jeune fille, qu'elle les ait faits elle-même ou qu'il s'agisse d'une parure qu'elle reçoit de sa famille en se mariant.

3) La famille peut aussi permettre à un de ses membres d'acquérir des biens séparés à l'aide de son travail, en apposant à ce droit certaines conditions.

4) Tous les accessoires des biens propres, tout ce qui s'y ajoute sans travail est aussi regardé comme propre (par exemple les intérêts des capitaux).

D'après l'article 690, tout membre de la famille, homme ou femme, peut librement disposer de ses biens propres, pourvu qu'il jouisse de la capacité civile. — Ce droit de libre disposition était jusqu'ici reconnu à la femme mariée et telle est encore la règle suivie en Russie (1). Le nouveau code civil du Monténégro a rompu sur ce point avec les vieux usages. A moins de convention contraire, la femme mariée ne peut pas disposer de ses biens propres sans le consentement de son mari, au moins par actes entre-vifs; il n'y a d'exception que pour les objets de peu de valeur dont la femme peut faire ce qu'elle veut. L'autorisation du juge peut suppléer celle du mari, en cas d'absence de celui-ci ou s'il refuse sans motifs d'autoriser la femme. Le juge ne permet l'acte qu'autant que celui-ci ne lèse ni les droits ni les intérêts du mari et qu'il est nécessaire ou, du moins, utile à la femme. A d'autres égards, le nouveau code a étendu les droits de la femme mariée. Il lui accorde, en effet, la faculté de remplacer le représentant légal de la famille, quand celui-ci est absent; à ce titre, elle peut conclure des contrats, mais seulement en ce qui concerne les meubles et dans les limites des besoins actuels du ménage.

71. D. Le chef de la famille est, aux termes de l'article 691, le représentant légal de celle-ci. C'est lui qui traite pour elle avec les tiers et qui figure en justice. Les affaires qu'il conclut au nom de la famille obligent celle-ci et lui font acquérir des droits. On présume que tous les actes passés par lui sont faits au nom de la famille.

Cependant, l'article 692 apporte une exception fort importante à ce principe : Si le chef de la famille traite frauduleusement ou clandestinement avec un tiers au préjudice de la communauté, l'acte n'est pas valable au regard de celle-ci, à condition que l'on prouve que le tiers a eu connaissance de la fraude. L'acte est donc, en pareil cas,

(1) Cf. Leuthold, *op. cit.*, p. 60.

frappé d'une nullité relative comme le sont, d'après le Landrecht prussien, les actes viciés par la violence ou le dol.

Rien n'est modifié dans les droits et les obligations résultant pour la famille des actes de son chef, lorsque celui-ci meurt, quand il quitte la maison ou que pour une raison quelconque il est remplacé par un autre (art. 693).

Le chef de la famille est autorisé à se faire remplacer par un membre de la famille (homme ou femme) (1) ou par un étranger (art. 694), pour traiter avec les tiers.

Tant que le patrimoine commun n'est pas partagé, aucun des membres de la famille ne peut aliéner la part qui lui appartient dans ce patrimoine (695).

72. E. L'ancien droit mettait à la charge de la famille toutes les dettes contractées par un de ses membres (2). Le nouveau code, sans distinguer suivant que la dette provient du fait du chef ou d'un membre quelconque, déclare que l'individu seul est responsable en principe; la famille n'est tenue de payer ces dettes que par exception (704).

1) Elle est tenue, lorsque la famille ou le chef de la famille, au nom de celle-ci, a approuvé expressément ou tacitement la formation de la dette (art. 696). Lorsqu'un membre de la famille fait le commerce au su du chef et que celui-ci ne le lui interdit pas, on présume qu'il est autorisé; il y a dans le silence du chef de la famille une autorisation tacite. La famille est directement responsable, lorsque l'acte de commerce a été conclu par un de ses membres en son nom et pour son compte. La famille autorise quelquefois un de ses membres à faire le commerce, mais en limitant la responsabilité qu'elle encourt; de pareilles restrictions ne sont opposables aux tiers que si elles sont portées à la connaissance des tribunaux et dûment publiées par ceux-ci. Cette publicité est aux frais du demandeur. Elle est également prescrite lorsque la famille défend à un de ses membres de continuer à faire le commerce (art. 698, 699).

2) La famille répond encore des actes de l'un de ses membres, lorsque celui-ci a contracté une obligation sous le coup d'une force majeure, par exemple s'il a dû acheter des médicaments en cas de maladie, s'il a fait des dépenses pour sa nourriture en cas de famine, etc. Il suffit

(1) En sens contraire, le droit autrichien.

(2) [Dareste, *Etudes*, p. 230; code d'Etienne Douchan pour la Serbie (1349-1354) : « les membres d'une même famille sont solidaires les uns des autres pourvu qu'ils demeurent dans la même maison. Même règle d'après le statut de Vinodol, Croatie, de 1288, et le statut de 1273 rédigé par Mathieu, ban de Slavonie. »]

que ce membre de la famille ait à ce moment travaillé pour celle-ci.

Ainsi s'explique la règle posée plus haut et d'après laquelle toutes les acquisitions qui sont le résultat d'un pur hasard, appartiennent non à l'individu, mais à la famille. C'est une compensation pour les risques que le hasard fait courir à la famille. *Cujus est periculum ejus est et commodum.*

73. 3) L'auteur d'un acte illicite est personnellement responsable du dommage causé à autrui, toutes les fois que cet acte lui est imputable; ainsi il répond d'un incendie, d'un meurtre commis par ostentation, pour faire voir son courage, ou enfin d'une séduction.

Cependant si l'acte préjudiciable se rapporte aux affaires de la famille, s'il a été fait dans le but de défendre les biens ou l'honneur de celle-ci, c'est à la famille de réparer le dommage causé, à supposer, bien entendu, que l'agent n'ait pas agi sans motifs raisonnables, sans nécessité (art. 700).

4) La famille est aussi responsable, d'après l'article 701.

a) Dans le cas où elle aurait pu prévenir le délit;

b) Si l'acte l'intéresse, même de très loin;

c) Si le dommage a été causé par pure négligence et sans intention frauduleuse;

d) Si le dommage n'excède pas la somme de 100 francs.

5) En cas de responsabilité d'un membre de la famille, la dette est acquittée à l'aide de ses biens propres; mais s'ils ne suffisent pas, le tribunal peut condamner la famille à fournir le surplus, en tout ou en partie, en se fondant sur des raisons d'équité (art. 702).

F. Lorsqu'un des membres de la famille est personnellement responsable d'une dette (art. 696), c'est avec son propre patrimoine qu'il doit l'acquitter. En cas d'insuffisance de celui-ci, la famille a le choix entre deux partis : elle peut l'exclure de son sein en lui donnant sa part du patrimoine commun ou s'engager à payer elle-même la dette. Si elle se résout à ce dernier parti, elle est indéfiniment responsable; elle ne pourrait pas se contenter de payer une somme correspondante à la valeur de la part du débiteur dans le patrimoine commun.

Le créancier peut demander que la famille exerce son droit d'option. Si elle ne le fait pas, il fait transmettre sa demande par la justice au chef de la famille. Alors la famille est tenue d'exclure dans les deux mois le débiteur; à défaut de quoi, elle est présumée renoncer au droit d'exclusion (*praesumptio juris et de jure*) (art. 703).

Un membre de la famille qui en a été exclu pour dettes, peut y être admis de nouveau; mais il faut alors donner une certaine publicité à sa rentrée et déclarer dans quelles conditions il est de nouveau reçu au sein de celle-ci, et quels biens il y apporte. En l'absence de ces formalités de publicité, la famille est responsable, vis-à-vis des tiers, des dettes de ce nouveau membre, comme s'il n'avait pas été frappé d'exclusion (art 705).

74. G. On peut demander, quand on veut, le partage du patrimoine commun. Mais on doit en pareil cas s'entendre avec les créanciers pour déterminer la part des dettes communes qui incombera à chaque membre de la famille. Si le partage a lieu sans qu'un accord de ce genre ait été fait, les membres de la famille sont tenus solidairement envers les créanciers.

H. La personne juridique de la famille continue à exister tant qu'un de ses membres est vivant, que ce soit un homme ou une femme. Dans l'hypothèse où la famille est ainsi réduite à une seule personne, cette personne a le droit de disposer librement de tout le patrimoine commun. Mais dès qu'un nouveau membre vient s'y agréger, ce droit de disposition subit les restrictions ordinaires.

Lorsque le membre unique auquel la famille est réduite est une femme sans enfants, et que celle-ci est entrée dans la famille, non en vertu de la naissance, mais à la suite d'un mariage, elle n'a pas le droit de disposer des biens communs; elle n'en a que la libre jouissance. Elle ne peut s'attaquer aux fonds eux-mêmes qu'en cas de nécessité absolue, et encore a-t-elle besoin de l'autorisation du tuteur et de l'autorité supérieure en matière de tutelle (art. 707).

75. J. Les règles du nouveau Code sur la communauté de famille sont applicables, en principe, même aux familles urbaines (art. 708). Mais chacune de ces familles peut régler autrement sa constitution intérieure. Les dispositions qu'elle prend dans ce but ne sont opposables aux tiers que si elles sont généralement connues, ou si elles ont été dûment publiées, ou enfin si le tiers intéressé en a eu connaissance.

Cette disposition a peu d'intérêt pratique pour le Monténégro. Autrefois il n'y avait pas de villes dans ce pays. Mais à la suite du traité de Berlin, il a acquis quelques villes, par exemple Antivari, Dulcigno, Podgoriza. L'article 708 a été fait surtout pour quelques Albanais qui demeurent dans les villes du Monténégro.

76. III. Sept articles de la cinquième partie du Code sont consacrés au *Pleme* et au *Brastvo*.

77. IV. Les sociétés ne jouissent de la personnalité civile que moyennant l'autorisation du Conseil d'Etat. C'est aussi par une décision de ce corps que la personnalité peut être retirée à une société, dans les cas prévus par la loi. Lorsque la société se livre à des entreprises dangereuses, la dissolution n'est prononcée qu'après un avertissement donné par le Conseil d'Etat et demeuré sans effet (art. 748). La loi a organisé une certaine procédure pour le cas de dissolution de la société, en s'efforçant de l'empêcher de se produire d'une façon arbi-

traire ; en tout cas, les causes de la dissolution doivent être portées à la connaissance du public. Le Code a poursuivi un double but : il a voulu d'une part permettre à l'Etat d'empêcher que l'intérêt social fût sacrifié ; d'un autre côté, éviter que les associations ne fussent soumises au régime de l'arbitraire.

78. V. Le nouveau Code ne renferme que quelques dispositions générales sur les églises, les cloîtres et les autres institutions religieuses. Tout ce qui les concerne est, en général, abandonné au droit administratif.

Les biens immeubles des églises et des cloîtres capables d'acquérir, ne peuvent jamais être aliénés sans l'autorisation de l'Etat. De même, d'après le Landrecht prussien, toutes les corporations ont besoin pour acquérir, aliéner et mettre en gage de la permission des autorités (Dispositions des §§ 83 à 85, II, 6, du Landrecht prussien, expliquées par Eccius dans ses notes sur Förster, droit privé prussien, IV, p. 656, note 38, en se basant sur les travaux préparatoires de ce code).

Après la dissolution de la société, le patrimoine de celle-ci doit être employé, à défaut de convention contraire, conformément à sa destination primitive (art. 752, cpr. § 193, II, 6, du Landrecht prussien).

79. VI. Les institutions charitables constituent des personnes morales par cela seul qu'elles sont fondées, sans autorisation spéciale de l'Etat. Si leurs biens ont une valeur de plus de 1000 fr., jusqu'à la somme de 2000 fr., on a besoin, pour les fonder, de l'autorisation du Conseil d'Etat ; au-dessus de ce chiffre, c'est le chef de l'Etat qui doit donner son autorisation. Lorsque les biens de l'institution ne valent que 1000 fr. au plus, il suffit de prévenir le Conseil d'Etat de la fondation.

CHAPITRE X.

EXPLICATIONS, DÉFINITIONS ET DISPOSITIONS COMPLÉMENTAIRES CONTENUES DANS LA SIXIÈME PARTIE DU CODE.

80. Comme nous avons déjà traité d'une manière générale de cette partie du Code monténégrin (voir chapitre quatrième), nous nous contenterons ici de signaler quelques-unes des dispositions qu'elle renferme.

I. Nous citerons d'abord deux articles qui montrent combien le législateur s'est efforcé de se mettre à la portée des citoyens; on le voit engager un dialogue avec ceux-ci (Cfr. en droit romain le *decretum divi Marci*).

Art. 870. — Si tu es propriétaire d'un fonds, d'un cheval ou d'une chose corporelle quelconque, toute personne est tenue de respecter ton droit, de ne pas y porter atteinte; tu peux l'exercer librement et en paix dans les limites légales.

Il en est de même si tu as un droit sur la chose d'autrui, par exemple le droit de passer sur le fonds d'autrui, ou le droit de retenir une chose pour assurer le payement d'une dette, toute personne, même le propriétaire de la chose ou son ayant-cause, est tenue de respecter ton droit et de le laisser exercer en paix.

Des droits de ce genre qui ont leurs racines dans la chose elle-même, sont protégés par la loi avec une extrême rigueur contre toute attaque.

A raison même du lien étroit qui unit la chose et le titulaire du droit, et qui ne laisse aucune place à l'intervention d'un tiers, à raison de la nature des choses elle-même, la loi donne à ces droits la dénomination de droits réels (*stvarna prava*).

Les principaux droits réels visés dans ce Code sont : la propriété, etc.

Art. 871. — Le droit que tu as d'exiger que quelqu'un te donne une chose, qu'il exécute un travail pour toi, qu'il s'abstienne de quelque chose dans ton intérêt, ou qu'il te permette quelque chose, ce droit est évidemment compris dans ton patrimoine, comme tous les droits réels. Cependant, même si la chose due est corporelle, elle ne t'appartient que du jour où la dette est payée, et du jour, par conséquent, où la chose est passée entre tes mains. Tant que la dette n'est pas payée, il y a entre toi et la chose due la personne du débiteur; tu as à tenir compte de sa bonne volonté ou de son refus d'exécuter la prestation qui t'est due.

Tu as le droit de traduire en justice le débiteur; mais alors toute une procédure est nécessaire; le tribunal se prononce sur le litige après avoir apprécié les objections de ton adversaire aussi bien que tes raisons et tes preuves. Alors même que le tribunal s'est prononcé en ta faveur, tu n'es pas encore arrivé à ton but; car il n'est pas sûr que tu te mettras en possession de la chose qui t'est due; il peut y avoir des obstacles qui t'en empêchent.

Aussi pour que chacun puisse aisément faire la distinction entre les droits réels (art. 870) et la dernière espèce de droits dont nous venons de parler, la loi qualifie ces droits de « *dugovinska prava,* » droits de créance.

81. II. La sixième partie se termine par 45 *regulae juris*. Tout le monde sait que les Pandectes de Justinien se terminent de même par un titre qui renferme des règles de droit. Parmi les codes modernes, il n'y en a que deux, à ma connaissance, qui contiennent des règles de ce genre : le code serbe en a une dizaine et le code de Californie une vingtaine.

Le législateur s'est efforcé de rattacher ces règles de droit, afin de les rendre plus intelligibles, à quelque proverbe ou, tout au moins, de leur donner, dans la mesure du possible, la forme et la concision d'un proverbe. Exemples : Art. 1006 : le temps ne peut guérir ceux qui naissent mal constitués; un acte irrégulier au moment de sa formation ne devient pas régulier par le seul effet du temps. La première phrase est un proverbe. — Art. 1000 : tu ne peux pas exercer tes droits, si tu ne fais par là que nuire aux autres. C'est la règle romaine : *malitiis non est indulgendum*, et dans la langue serbe, elle est présentée d'une façon plus concise : on dirait tout à fait un proverbe.

— Citons encore l'article 1009 : on ne peut donner que ce qu'on a, d'où la règle : personne ne peut transmettre à autrui plus de droits qu'il n'en a. Art. 1017 : Qui a le sol a la la maison, qui a le champ a la récolte. Art. 1020 : Des mots ne sont que des mots; mais le contrat est la loi des parties.

CONCLUSION.

Les explications que nous venons de donner à propos du code civil du Monténégro sont de nature à montrer que ce code sera extrêmement profitable au pays pour lequel il a été fait. Mais on peut en tirer aussi une autre conclusion. Il est facile de voir que les principes dont s'est inspiré le législateur monténégrin, sont d'une grande importance pour toute espèce de codification. La plupart des idées de M. Bogisić méritent d'être acceptées et appliquées ailleurs. Telles sont, en particulier, la prise en considération du droit populaire, la forme du langage et la formation d'expressions techniques, les dispositions de caractère concret et populaire, le soin que l'on a mis à tracer une ligne de démarcation entre ce qui doit être codifié et ce qui ne doit pas l'être. Il y a sans doute quelques-uns de ces principes, comme la pensée de donner au Code un caractère doctrinal, qui ne peuvent guère être acceptés dans beaucoup de pays; mais là où il n'y a pas encore de Code, on devra également s'y attacher. Les autres idées de M. Bogisić, même en supposant qu'elles ne soient pas de nature à être adoptées à l'heure qu'il est, donneront lieu tout au moins à d'utiles recherches.

M. Bogisić n'a pas négligé, cela va de soi, de s'inspirer du droit romain et des meilleures d'entre les législations modernes. Mais son œuvre n'en est pas moins des plus originales. Il a réussi à déployer dans une large mesure les riches qualités de son esprit, quoiqu'il ait évité avec soin toute exagération; il a réussi à fixer le droit vivant dans les usages populaires, tout en introduisant dans le Monténégro la civilisation et la science européennes; il a réussi à donner à son code la forme la plus concrète et la plus populaire, tout en ne s'écartant pas de la rigueur scientifique (1).

(1) [Il n'est pas hors de propos de citer ici quelques lignes spirituelles de M. P. Viollet dans un compte rendu donné par lui de la monographie de M. Bogisić : *De la forme dite Inokostina de la famille rurale chez les Serbes et les Croates*, *Rev. critiq. d'hist. et de litt.*, 1885, t. XX, p. 505 : « La monographie que je viens d'analyser, due à un savant dont la compétence est irré-

Le code monténégrin recevra certainement un bon accueil dans la science et parmi les législateurs de l'Europe.

Les jurisconsultes prussiens lui accorderont plus que tous autres leur attention, à cause de la parenté intellectuelle qu'il y a entre le législateur du Monténégro, M. Bogisić et l'auteur du Landrecht prussien, Svarez. Ces deux hommes ont dû quitter, pour se faire législateurs, des travaux intéressants et délaisser une brillante carrière; ils eussent sans doute préféré suivre en paix leur vocation première, si un charme n'avait pas opéré sur eux. « Il y a, » écrivait Svarez en 1780 à Schlosser, pour l'engager à faire partie de la commission de rédaction du Landrecht (1), « il y a un charme qui opère plus efficacement sur les gens comme vous, que de banales supplications : c'est une inclination providentielle à travailler d'une façon toute spéciale au bonheur de l'humanité. C'est ce charme qui m'a arraché pour toujours à une situation que je n'aurais pas voulu abandonner... » C'est aussi ce charme qui a enlevé Bogisić, en pleine maturité, — et sans doute pour toujours — à la carrière professorale. Je ne veux pas établir de comparaison entre les difficultés des deux codifications et le contenu des deux codes; mais je crois qu'on peut dire des deux rédacteurs qu'ils ont tous deux pris pour point de départ de leurs travaux le droit historique, qu'ils avaient tous deux l'esprit imbu du sens de l'histoire. Tous deux avaient au même degré le culte enthousiaste de la science juridique. Tous deux unissaient la philosophie la plus idéaliste au sens le plus pratique. Tous deux ont fait reposer leurs lois sur les principes de la morale la plus haute. Tous deux ont eu le sentiment profond du côté populaire et national du droit. Là où ils ont fait des emprunts aux législations étrangères, par exemple au droit romain, ils n'ont pas reproduit servilement leurs dispositions, mais ils se sont inspirés de l'esprit et des besoins de leur temps et de leur pays. Ils ont, avec une merveilleuse habileté, allié les idées du droit national avec les principes du

cusable, mérite d'être recommandée à toute l'attention des jurisconsultes et des historiens, et aussi à celle des législateurs slaves... ou autres. Si on s'avisait jamais, dans quelque pays excentrique, je ne dirai pas de faire, mais de rédiger des lois d'après une méthode vraiment scientifique, méthode que j'appellerais volontiers positive, l'étude de M. Bogisić pourrait être proposée comme un modèle achevé de préparation législative. Le Monténégro nous donnera peut-être un jour cette surprise; car, précisément, M. Bogisić a été chargé de préparer un projet de Code civil pour cette principauté. J'aime à croire que le prince se gardera de soumettre le Code de M. Bosigić à des reviseurs nourris de droit romain, qu'il consentira à respecter le vieux droit populaire et ses organismes vivants, et qu'en un mot il se fera, à la suite de M. Bogisić, le disciple de ce quelqu'un qui ne se contente pas d'avoir plus d'esprit que Voltaire, mais qui a aussi plus de droit que Tribonien : tout le monde. »]

(1) Stölzel, *Svarez*, p. 166.

droit universel. Ils avaient l'un et l'autre l'esprit synthétique et on leur doit d'avoir édifié de nouveaux systèmes juridiques.

Ce qui distingue M. Bogisić, c'est qu'il a su éviter cet excès de détails, cette casuistique si souvent reprochée au Landrecht prussien. Il n'a pas été dominé, comme Svarez, par l'idée si généralement répandue autrefois que le législateur a une autorité sans limite et qu'il peut faire tout ce qui lui plaît. Ce préjugé de la toute-puissance du législateur a aujourd'hui disparu. Ajoutons enfin que, par rapport à la forme, l'œuvre de M. Bogisić ne mérite que des éloges; elle est écrite dans une langue toujours noble et élevée; on est d'accord pour reconnaître qu'au point de vue du style et de la langue, c'est un véritable chef-d'œuvre.

Le nouveau code civil est une des plus grandes choses qu'ait faites le prince Nicolas dans l'intérêt de la civilisation. Par de sages et persévérants efforts, ce souverain arrivera peu à peu à doter son pays des meilleures institutions de l'Europe, sans compromettre en rien la moralité, la bravoure et le patriotisme, soutiens indispensables de la séculaire indépendance du Monténégro. Il assurera ainsi à cette race héroïque, le brillant avenir dont elle s'est montrée digne par tant de sanglantes luttes et tant de victoires.

ERRATA

Page 24, note 2, *in fine* : au lieu de : a usé du premier procédé et a évité ce dernier — lire : a usé du dernier procédé et a évité le premier.

Page 26, *in medio* : au lieu de : aux dispositions de la cinquième partie — lire : aux dispositions des cinq premières parties.

Page 32, *in medio* : au lieu de : art. 777 — lire : art. 776.

in fine : au lieu de : ambiguës — lire : peu claires.

Page 43, ligne 10 : au lieu de : 63, 64 — lire 63 et 64.

Page 52, ligne 37 : au lieu de : à 10 ou à 20 °/₀ — lire : de 10 à 20 °/₀.

Page 54, *in medio* : ajouter après : l'usage des lieux — (art. 314).

Page 59, 2ᵉ alinéa : ajouter après : peu d'influence — (cf. IV, 25).

TABLE DES MATIÈRES.

TOULOUSE. — IMP. A. CHAUVIN ET FILS, RUE DES SALENQUES, 28.

Made in the USA
Monee, IL
04 November 2026

67388640R10049